JN326343

崖っぷちの木地屋

村地忠太郎のしごと

松本直子 著

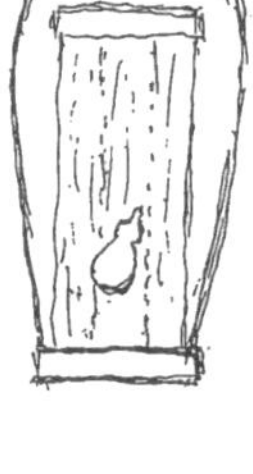

未來社

崖っぷちの木地屋――村地忠太郎のしごと　目次

本文イラスト・村地忠太郎

崖っぷちの木地屋

——村地忠太郎のしごと

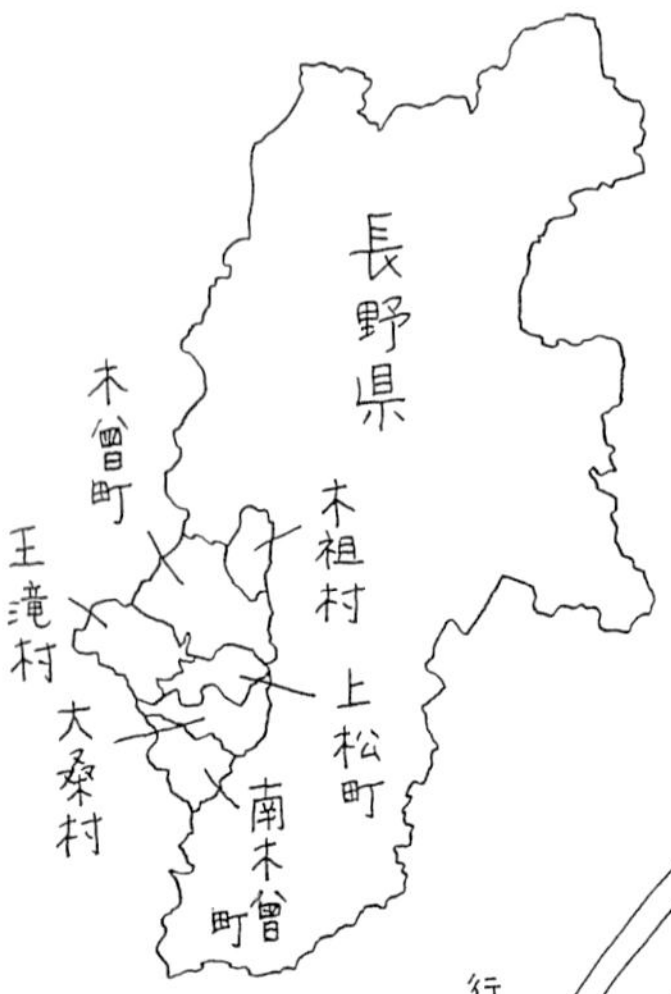
長野県
木曽町
王滝村
木祖村
上松町
大桑村
南木曽町

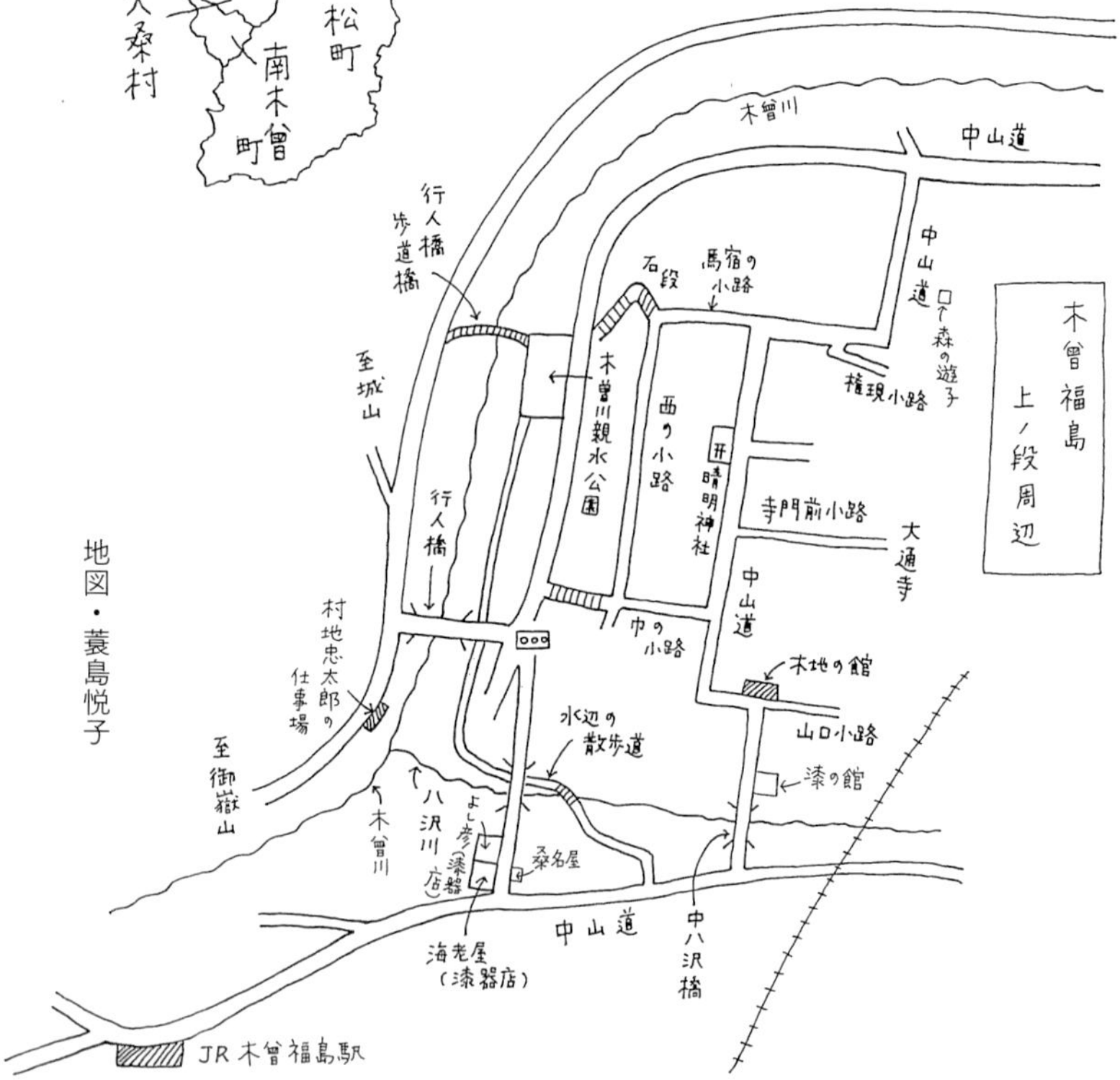
木曽福島
上ノ段周辺
木曽川
中山道
中山道
森の遊子
権現小路
馬宿の小路
石段
行人橋
歩道橋
至城山
木曽川親水公園
西の小路
晴明神社
寺門前小路
大通寺
行人橋
中山道
巾の小路
村地忠太郎の仕事場
木地の館
山口小路
水辺の散歩道
漆の館
至御嶽山
木曽川
八沢川
よし彦(漆器店)
桑名屋
海老屋
(漆器店)
中山道
中八沢橋
JR木曽福島駅

地図・蓑島悦子

序　章

二〇〇八年十一月二十八日、午前〇時三十三分。

しんと静まりかえった夜半、わたしは枕の横に置いた携帯電話の、メール受信を知らせる音に目が覚めた。

日に日に寒さが厳しくなる長野県木曽の古民家で暮らしながら、わたしは九十一歳の木地屋の許で、漆器の土台となる木地づくりを学んでいる。

充実した日々を過ごすなか、それでもどうしたものかと考え込むことが、このところ多くなっている。木曽に暮らして、思いがけず澄み渡る空の清々しさに出会い、高い空に向かって羽ばたいていこうと助走をつけて浮き上がると、突然の疾風に煽られ、地面に叩きつけられては痛い思いをすることを繰り返している。

「とりあえず、思考停止！」。考えてみてもどうにもならない現実から目をそらすように、この夜も、早い時間に布団にもぐりこんだ。わたしはいつものように、何度も寝返りを打ちながら、夜半に浅い眠りについていた。

「こんな時間に、誰からだろう」。寝ぼけ眼で携帯電話をひらくと、光る小さな画面に横文字が並んでいる。まさかでしょう！　まさか、返事をもらえるなんて！　それも、あっという間の返信ではないか！

前日の朝、わたしは生まれて初めて、スウェーデンにメールを送った。それも、二年七ヵ月前にたった二日間、短い時間、会話を交わしたことがあるだけの、彼の地の女性に向けて。なんと嬉しいことに、その小さな画面には「もちろんあなたを覚えている」とある！　久しい無音にもかかわらず、彼女はわたしからのメールを喜んでくれていた。

未だ訪れたこともない、木を愛する人びとの多く住むと聞く、遠い北欧の国。そこに暮らすこの人を頼るしか、わたしの願いを叶える術がないとわたしは思いつめていた。深い祈りにも似た想いを込めて送ったメールだった。

欧米の工芸家にとって、クリスマス前のこの時期はたいそう忙しいのだと返信を読んでようやく気づいた。そんな気遣いすらできぬほど、この細い糸を手繰《たぐ》ることしか、昨日までのわたしにはなかった。

スウェーデンの木工家は、クリスマスの繁忙期をすぎたら、わたしのメールを読み直し、必ずや自らの考えを伝えると約束してくれていた。

まだ、これからどうなるかわからない。しかし、遥か遠い国に住む人が、わたしの想いを確《しか》と受け止めてくれたことが、とにもかくにもわたしは嬉しかった。

＊

木曾谷の樹齢数百年の樹木に宿る木精《こだま》を、いまにも切れんとする蜘蛛の糸ほどの、か細い糸に結ぶことをしても、わたしは木曾谷の外の人びとに届けたい思いにかられている。

静寂につつまれた森の奥で、人目に触れることなくじっと生きてきた木精を、熟練の木地屋が木を割り、木をへいでつくる木地に乗せて、細い糸に結ぼう。懇《ねんごろ》につくられた木地は、そよ風に吹かれ、糸を頼りに谷を出、山を越え、広い平野を過ぎて、遙か大海の向こうへと旅する。ときにあちらこちらの木々の枝にからみながら、その地の空を眺め、風を感じ、いつの日か思いもかけない遠い世界へと運ばれることを祈りたい。ふと袖触れ合っただけの幽《かす》かな出会いのなかに、それでもわたしが心つなぐことができたと信じる人びとが、虚空に糸を游《およ》がせる「風」になってくれますように、とわたしは希《ねが》う。

＊

人びとに知らせる手立てをなんらもたないちっぽけなわたしが、いま目《ま》の当たりにしているもの……。

それは世に埋もれるようにしながらも、木曾の谷底の町で一世紀近い年月を、今日もまた黙々としごとをつづける木地屋の腕で、ようやく遺されてきたあまりにも美しい木のしごとである。

自然の厳しい森閑とした林の奥に、人の一生の何倍もの年月を、風雪に耐え、静かにすっくと立ちつづける木曾の樹木に宿る木精……。

日々、わたしは師匠である木地屋村地忠太郎が「木を割り」、「木をへぐ」、そのすぐそばにいて、まるで荘厳な木精が人のかたちを借りて、わたしの横にいるように感じている……。

村地忠太郎との出会い

二〇〇八年一月。信州・木曾谷。

木曾の村々は、中央アルプスと御嶽山系に囲まれた、木曾川とその支流がつくる谷間《たにあい》にある。わずかな川の流域をのぞいて、木曾の険しい山々は、森林に覆われ、古くからヒノキ、サワラ、コウヤマキ、アスナロ、ネズコの「木曾の五木」で知られる良材の宝庫である。山々の豊かな恵みである木曾材は、伊勢神宮や銀閣寺など多くの本格的な日本建築に用いられ、また、「木曾漆器」などの工芸品にも生かされてきた。

＊

東京に生まれ暮らしてきたわたしが、初めて木曾にやって来たのは二〇〇六年春のことだった。一年目は、中央西線・上松《あげまつ》にある長野県上松技術専門校の寮に住んでいた。この学校の木材工芸科の学生であった。昨年春からは、上松の隣駅、木曾福島の上ノ段にある古民家にひとり暮らしている。中《なか》山道《せんどう》に面した古い町並みを残した一角にあるこの家「木地《きじ》の館」は、町に寄贈された古い民家の内部を役場が改装したもので、木地の展示場、仕事場と住まいを兼ねている。

木曾福島は、この冬も身を切るような厳しい寒さを迎えている。雪は少ないが、凍みる寒さが、来る日も来る日もつづく。最低気温が零下十六度になる日もある。

上松の学校では、「雪の多い地方より、木曾の冬は寒さが厳しい」と新潟・高田出身の先生はいわれた。「冬は木曾川に架かる橋の路面は凍結するから、クルマを運転する学生は十分に注意をするように」とご自分のヒヤリとした経験を交えて話されたものだ。

木曾福島で冬を迎えてみれば、木曾川の川面の凍る姿を見る日もあり、橋を吹き抜ける風は痛いと感じられるほどに冷たい。

木曾で二度目の冬だというのに、朝、目が覚めたばかりのぼんやりした頭で、いまだに「なぜわたしはここにいるのだろう」と不思議な思いでいることがある。ここは東京ではないのだと気づくのに、少し時間がかかる。木曾に住む前、わたしが東京で暮らした年月は長いのだから、しかたがないか。

*

二〇〇六年二月。

初めて訪れた木曾は、それまでわたしが生きてきた道程では、まったく想像したことのない「別世界」だった。

木曾に来るまで、「信州といえば高原」の単純なイメージしか、わたしにはなかった。ところが、新宿から中央本線の特急電車に乗り塩尻で下車、中央西線・中津川行きの普通電車に乗り換え、木曾に向かうと、それまでとはまったくちがう風景が車窓にひろがる。

島崎藤村が「木曾路はすべて山の中」と書いたとおり、山また山が右にも左にも列なり、列車はわたしをいままで知らなかった世界へと運んでいく。山間《やまあい》の、「V」の字の尖った先っぽのようなきわめて限られた平地を、川の流れに沿って二両編成の列車は進む。人家の列なる駅を過ぎると、谷を貫く川と道路とまばらな家が、すぐ両側から迫りくる山と山に挟まれるようにしてある。中央西線は単線で、日に片道十二、三本しかないワンマン運転の普通電車は、速いスピードで横を通り過ぎる特急電車に、駅で止まっては線路を譲りながら、時間をかけて進む。木曾谷を走る普通電車の速度は、この谷で人びとが生きるに心地良い速さなのだと感じる。「なにを急いで、どこへ行く」とヒューンと音をたてて横を走り去る特急電車を見やる。昼間は二時間半から三時間に一本しかない普通電車の本数さえ多くなれば、クルマをもたない人間だって住みやすい木曾なのだけれど、少数派とあればこれもまたしかたがないか。

秋の深い時期になると、走る列車にさらさらした清らかな雪が降りかかる。列車はいつしか暗く長いトンネルの入口に吸い込まれ、やがて出口を過ぎると、トンネルに入る前とはまったくちがった空がひろがる。

おなじ「谷」とはいっても、山々を遠くに望み、谷間に平らな耕地のひろがる「伊那谷」と、間近に山に囲まれた「木曾谷」では、見はるかす風景も、胸に去来する想いもまるでちがったものになる。木曾谷からクルマで、二〇〇六年二月に開通した権兵衛《ごんべえ》トンネルを抜け、伊那谷に出ると、そこは「伊那谷」ではなく、「伊那平野」が目の前に開けるような印象がある。木曾から伊那にやって来ると、谷底に閉じ込められたような閉塞感から瞬時に解放される思いがする。しかし、おなじとき、いつも木曾谷で三百六十度迫りくる山々に抱かれているような安堵感が、懐かしい気もしてくるのだ。

＊

二〇〇七年三月。

わたしは上松技術専門校を卒業し、郷里の東京には帰らず、上松の寮からそのまま木曾福島の古民家に引っ越した。

木曾福島・上ノ段にやって来たとき、そこは茶色の山々に囲まれ、八沢《やさわ》川の川音とときおり鉄橋を渡る電車の音が聞こえるだけで、町は静まり返っていた。なんと淋しいところに来てしまったものかと思った。木曾を去っていった仲間を想い、また、故郷を懐かしみ、しばらくはこの索漠とした風景になじむことができなかった。ぐるり山々に囲まれた谷底の町は、朝日が昇るのが遅く、陽が落ちるのが早い。一日が短く、初めはそれだけのことで、わたしは意気消沈してしまった。そんなことも、ここで暮らす呼吸さえ覚えてしまえば、じきになんでもないことになってしまうのだけれど。

この地に暮らし始めると、木曾には親戚や知人もなく、これまでなにも知らなかった分、新しい発見が多く、まことに日々新鮮だった。町の人びととの交流がもてるようになってしばらくすると、木曾に暮らす面白さと、自然豊かな土地のもたらす圧倒的な喜びを知るようになる。わたしは、交通の便の悪い木曾で、クルマをもたず、自転車と公共交通機関を利用するだけだが、このことさえも面白がって暮らし始めた。

木曾は、東京のような大都会から来てみれば、当たり前のことだが、自然も移動手段もなにもかもがちがう。住んでいる人の数も、また、お年寄りが多い町であることも、折々に感じる。山坂が多く、厳しい寒さに鍛えられ耐え生きてきた高齢者は足腰が達者で、話をしてみれば皆なかなか一刻で、しっかりした人が多い。道でお年寄りに行き合えば、話が面白いので、つい足を止め、長い時間話し込んでしまう。

＊

二〇〇八年、冬。

わたしは初めて暮らす小さな社会に戸惑いながらも、町の人びとに助けられ、木曾の春・夏・秋はなにごともなく、目新しく過ぎて行った。

しかし、冬……。木曾の厳しい寒さに、体ばかりか心までもが蝕まれそうになる。突然、木曾にやって来たわたしは、この町で生まれ育った人のようには、おいそれとはいかないのだった。

五年前におなじ上松技専を卒業した東京出身の三十代の先輩に、かねてからいわれていた。

「木曾の人間になりきらないうちは、厳しい寒さは鬱を連れてやって来る。危ないと感じたら、いったんは東京に帰るがよい。ひとり暮らしはよほど気をつけないと……」と。わたしの場合、クルマをもたずに暮らしているため、移動の手段が限られたうえに、寒さが加わり、手足を縛られたかのように「動けない」思いはなかなか苦しい。深い山々に囲まれ、狭い谷底に閉じ込められているような閉塞感……。

実際、わたしも十二月の声を聞くと、心怪しくなりかけたのだ。初めて経験する木曾の厳しい寒さのなかで、しごとがまったく捗《はかど》らない。一日が終わるころになると、そんな自分が情けなくなり、大きな焦りを感じた。木曾までやって来て、わたしはいったいなにをしているのかとの思いに囚われた。

件《くだん》の先輩は「一日になにかひとつできたなら、それで良しとすべし」といった。「この時期の体は、まずは厳しい寒さと闘っているのだから」と。先輩のことばに妙に納得させられ、焦りが少し和らいだ。ちなみに、先輩は冬の間は家の中にテントを張り、夜はその中に布団を敷いて休む。わたしもぜひとも真似をしたかったが、わたしの住む家では、厳冬期は食べる、寝る、そして、ガラス戸で中山道に面した仕事場では寒さに耐えがたいときに避難し作業をする……のすべてを、唯一厳しい寒さが凌げる台所でこなす。そこにはもはやテントを張るスペースはなく、残念だった。

「明日は今日よりまだ寒さが厳しくなるかもしれない」と、日々怯えながら過ごした。畳のない古民家の板敷きの床に、貰った古い畳を置き、その上にキャンプでつかう銀マットを載せ、さらにつかい古した毛布とキルティングを拡げた。小さな電気炬燵の傍らに一畳用のホットカーペットを敷き、夜はその上に布団を敷いて寝た。電気毛布のおかげで体は温まるが、布団から出る肩から上が冷えて眠れず、頭には半纏《はんてん》を巻いた。観光客からは見えない台所の窓には「プチプチ」と呼ばれる梱包材のエアキャップを張り、カーテンを下げた。灯油が高騰したため、石油ストーブは十三度を上限に焚いた。寝るときには火を落とした。明け方、掛け布団の肩口から入る寒さに目が覚めてしまう日もあった。

木曾の多くの家では暖房に灯油ストーブと電気炬燵をつかう。灯油のファンヒーターを使用している家では、直径十センチほどのパイプを、ストーブの温風吹き出し口から炬燵布団の中に伸ばしている様子を見かける。こうすれば、部屋も炬燵も同時に暖まるわけだ。東京ではついぞ見たことのない寒い土地に生きる智恵と工夫に感心する。わたしが住む古い民家は火が出たらひとたまりもない。上ノ段では、家と家の外壁が接するように建っているから、誰もが念には念を入れての火の用心を心掛けている。

＊

二月の半ばの厳寒期、実になることはなにも成せず、寒さに怯え、ただただ生きているだけにも疲れていたころ、木曾に生まれ一世紀近くをこの地に生きてきた師匠はわたしにぽつりといった。

「これからはだんだん陽が濃くなるから……」。

陽が濃くなる……。東京で長年暮らしてきたわたしは、夏ならいざ知らず、冬の陽の濃さに気づこうとしたことはなく、胸を衝かれる思いがした。東京では、春一番が吹けば春だと思い、桜が咲き、道に沈丁花の香りが漂えば春が来たのだと、毎年のようにわたしは思っていた。それも、新聞の見出しで気づく年もあり、自らの五感で季節の移ろいを感じ取ってはいなかったかもしれない。

木曾では長い時をかけて、冬から春に日々は移ろう。一日一日の変化は、息を詰めるように、静かに心を清ませていなければ感じ取ることができないほど僅かなものだ。紙一重ほどの微かな陽の温もりを重ねるように、静かな足取りで、木曾にも遅い春がめぐって来る。わたしは木曾の人びとが、遙か遠くに聞こえる春の足音にじっと耳を澄ませていることを、師のことばから知った。高齢の師が「これからはだんだん陽が濃くなるから……」と語りかけてくれたことは、先が見えない茫漠とした不安に包まれていたわたしに、暖かい春の訪れをたしかに予感させ、慰め、励ましてくれた。

木曾福島で初めての冬を越し、道で町の人に行き合えば、多くの人が「アンタ、よくここで冬を越せたねぇ」と声を掛けてくれた。「凍《し》み死なんでよかったね」と近くの女性は冗談交じりにいい、「ほんとうに……」としみじみ応えるわたしであった。

冬の間、わたしはなにも成すことができず、ただただこの地で寒さをやり過ごし生きていたというだけで誉めてもらったわけだが、そのことが妙に嬉しく、体の底から理由のない自信も湧いてくるのだった。冬の厳しいこの土地で、これからも生き延びていかれるかもしれない……。

もっとも木曾の夏は、東京より快適だ。日中の暑さは変わらないが、夕方の涼風が爽やかだ。どこに住んでも、「ふたつ良いことはない」。まさにそのとおりなのだ。

＊

なぜわたしはそうまでして木曾に留まり、暮らしつづけようというのか。それは、「木曾漆器」発祥の地・木曾福島には、木地屋村地忠太郎がいるからだ。

村地忠太郎の木地屋としての腕は木曾随一だという。わたしはその人が、樹齢二百〜五百年の木曾ヒノキとサワラを割り、へいだ「ヘギ板」でつくる曲物に魅せられている。繊細さと、長い年月厳しい自然を生き抜いた樹木の野性がひとつに凝縮された「ヘギ目」の器は美しい。

丸太を割って、へぎ、曲げて、綴じ、仕上げる。

この工程のすべてを、二〇〇九年春に九十二歳を迎える村地忠太郎は、五十余年前に木曾福島で「木曾漆器」の職人がほとんど廃業したあとも、木曾駒ケ岳を望む木曾川の川端の仕事場で、戦前戦後をとおして七十八年間、たったひとりでしごとをつづけているのだ。

木曾町は長野県の南西部に位置し、御嶽山と木曾駒ケ岳に挟まれた谷間にある。総面積は四百七十六平方キロメートル、その九十五パーセントは山林である。二〇〇八年十二月現在、町の人口は一万三千三百人、総世帯数は五千二百ほどである。

＊

中央西線・木曾福島は特急電車の停まる駅である。現在、多くの地方都市がそうであるように、駅前の商店街には、歯が抜けたようにシャッターを閉じた店が多い。昔はたくさんの観光客やスキー客、御嶽教の信者が降り立った木曾福島駅は、いまは訪れる人がクルマやバスで直接目的地まで行くので、閑散としている。お年寄りは駅前が元気だったころを知る世代で、「昔はなぁ、それは多くの人が駅に降り立ってなぁ」と懐かしそうに話してくれる。「いまでは、地元ではなく、遠くともたくさんクルマが停められる大きな店に買物に行く人が多いしな」と淋しそうにいう。ここでは、電車やバスなどの公共交通機関を利用するのは、朝夕は学生や勤め人、日中はクルマの運転ができない病院通いや用事のある年配者のほか、わたしのようにクルマをもたない者である。

木曾福島の町なかには、中山道の宿場町として栄えた歴史を感じさせる建物が、旧街道沿いに建っている。江戸時代に整備された中山道はかつては「木曾路」とよばれ、いくつもの山や峠を越えねばならない険しい街道として知られた。「木曾十一宿」のひとつである「福島宿」には、四大関所のひとつに数えられた「福島関所」が設けられた。木曾福島は宿場町として「木曾路」の中心であった。明治維新後は、官庁・学校がおかれ、木曾地方の政治・文化・経済の拠点となった。

「町案内人」の蓑島悦子は、三十年ほど前に町を訪れた街道の専門家の話したことばを覚えている。「木曾は鉄道が通るようになってから、『山奥』になってしまった」。

中山道を人びとが歩いて通る時代には、木曾は江戸や京都からやって来る多くの人びとが行き交った。明治の末に鉄道が開通して便利にはなったが、激しく行き交った東西の文化は木曾を素通りするようになったというのだ。

木曾福島は、また、木曾ヒノキやサワラなどの良材に恵まれ、十五世紀以前から木曾町八沢で漆器がつくられるようになった。昭和半ばまで「木曾漆器」の町としてあったが、いまはほとんどその面影を留めない。

現在は、暖かい時期を中心に、県内外から訪れる人びとが、町を歩きながら歴史的な建物をめぐり、クルマで町の中心地から少し離れた自然の美しい山々を訪れる。

＊

村地を訪ねるきっかけは、木曾福島から電車で三十分ほどの奈良井宿で知り合った木地屋小島俊男（二〇〇七年夏没、享年七十六歳）が、「木曾でいちばん腕の良い木地屋はだれ？」のわたしの問いに、間髪を入れず「それは木曾福島の村地忠太郎だ」と答えたことだ。

二〇〇六年六月。

木曾平沢や奈良井で催された「漆器祭」に、わたしは技専の同級生と連れ立って出かけた。その日、小島は奈良井の自分の店の前で、訪れた観光客に、細長い金属の容器をコンロにかけ、ヒノキを煮て、丸い弁当箱の側板《がわいた》を曲げて見せていた。曲物の実演をしていたのだ。小島は家族や職人たちと木地をつくり、漆を塗り、販売もする店「小坂屋」の主であった。

わたしは、実演が面白くて、何時間も小島の前にしゃがみ込んで見ていた。

「アンタ、曲物《まげもの》は好きかい？」と小島はわたしに聞いた。深く頷くわたしに、「ワシの工場《こうば》を見たいかい？」と重ねて聞くのだった。わたしはさらに深く頷き、「ぜひ見せて欲しい」と頼んだ。

小島が工場を見せてくれるといったので、わたしはあちこちの店をのぞいている仲間を呼びに行き、主のあとについて工場に向かった。店の中を通り抜け、工場につづく階段を上っていくと、工程別につかい分けられた作業部屋が、工場の真ん中を貫く階段の、右にも左にもあった。少し背が丸くなった小柄な小島は、人懐っこい笑顔で、身軽に工場の階段を上ったり下りたりしながら、わたしたち三人を案内してくれた。そこには道具や機械、薪ストーブやその上に置かれたヒノキを煮る容器、古い柱時計や年代物の黒い電話機などが、所狭しとひしめいていた。そのすべてが醸し出す雰囲気は、工場の主とおなじくとても魅力的で、仲間は「わぁ。宮崎駿の映画みたい！」と喜んで、工場の内部や主を写真に納めた。

この日の出来事を契機に、その後、毎週というわけにはいかなかったが、学校の休みの土日に、わたしの奈良井への工場通いが始まった。

小島俊男はとても気の好い職人だった。多くの職人は仕事場を見せることを嫌うものだが、小島は独自に工夫した作業工程も惜し気もなく、ときには自慢気に見せてくれた。また、アイディアマンでもあり、曲物の弁当箱、蕎麦道具や盆などのほかに、自身が考案した独創的な曲物をつくっていた。しごとは手作業だけではなく、量産にも耐えられるよう大型木工機械を工場に据え付けていた。長男の貴幸は、木工場とは少し離れたところに漆工場をもち、母や他の職人とともに父のつくった木地に漆を塗っていた。

わたしは学校の休みの日に、奈良井の工場に通わせてもらっているうちに、以前から好きだった曲物の技を覚えたいと思うようになっていった。小島のしごとの合間に、わたしが木曾でいちばんの技をもつ職人を問うたときに教えてくれたのが、「木曾福島の村地忠太郎」だったというわけだ。

小島が「それは村地忠太郎」と答えるとき、自分より十四歳年長の村地忠太郎を目上の職人と思うだけではなく、心からその技に尊敬の念を払っていることが、表情から深く見てとれた。

その日、奈良井で、小島と別れたその足で、わたしは上松の学校の寮には戻らず、中央西線をひとつ手前の木曾福島駅で途中下車して、村地忠太郎に会いに行った。小島から聞いた村地忠太郎という人に、わたしは待ったなしですぐにでも会いたかったのだ。

村地忠太郎とは、どんな人なのだろう。会ってもらえるだろうか。

いままでにその人のつくった「へギ」の器は見たことがある。「へギ目」の美しい器は、どのようにしてつくられるのだろう。仕事場を見せてもらえるだろうか。

*

二〇〇六年十二月。

初めて村地忠太郎に会ったのは、冬の冷たい雨の降りしきる、昼間でも薄暗い日だった。

木曾福島駅から長い坂を下り、行人橋《ぎょうにんばし》を渡り、木曾町中畑にあるその仕事場に向かった。

木曾川の川淵に建つ家の表には、木地屋の仕事場を示す看板ひとつなく、玄関横にある郵便受けに、慎ましくその名が手書きされているだけだ。道路からは平屋に見えるその家のまわりを、そこに置かれてから五十年近い年月を経て、表面がすっかり黒くなった樹齢二百年以上のサワラの榑《くれ》がぐるり囲んでいることから、ようやくその家の主が木地屋ではないかと察しがつくのだ。その様子は、木曾川の川淵の景色にすっぽり溶け込んでおり、主の穏やかで目立つことを嫌う性格そのままに、静かな佇《たたず》まいを見せている。

その日、突然、仕事場を訪ねたわたしを、村地忠太郎は家の一階の座敷に通してくれた。部屋には、職人となって七十五年の間つくり上げた数え切れないほどの製品が、びっしりと部屋いっぱいに置かれていた。まさに宝の山！　目を見張るばかりであった。幾種類もの「ヘギ目」の弁当箱、花器、灯り、皿、盆、ぐいのみ、湯桶《ゆとう》、湯のみ、醤油差し、小物入れ……。伝統的な形のものや、その人が独自にデザインした製品が、畳の上から棚や高い箪笥の上にまで積み上げられていた。

のちに、その座敷は、木地を注文に来る塗師屋と、しごとの打ち合わせをする部屋だと知る。多くの製品があるのは、打ち合わせの際の見本として参考につかうために、毎回一点ずつ多くつくりおいたものが、長い年月の間に次から次と増えていったからなのだ。

わたしが初めて会ったその人は、優しそうな目と、端正な顔立ちをしていた。八十九歳の高齢だとは聞いていたが、品の良い話しぶりは実に若々しく、わたしのなかの「老人」の範疇《はんちゅう》には入らなかった。

知性とユーモア溢れる、「木曾漆器」の過去から現在までの話は、その細部に及んだ。記憶はきわめて鮮明で、自身の子どものころのことから、木曾福島での漆器づくりが盛んだったころの町の様子、塗師屋《ぬしや》や近ごろのしごとのことなどを話してくれた。ちなみに、漆器の、漆を塗る前の土台となる木

木地屋村地忠太郎

地をつくる職人を「木地屋」、木地に漆を塗る職人を「塗師屋」とよぶ。二者が一体となって初めてひとつの漆器ができあがる。

現役の職人の話は実に面白く、興味は尽きなかった。また、その瑞々しい感性を、話のそこここに感じた。

話が一段落したとき、わたしは村地忠太郎に頭を下げ、曲物のしごとの様子を見せて欲しいと頼んだ。その人は「いまは昔ほどのしごとをしていないから、見せるしごとはない」といった。

その凛としたもののいいように、取り付く島もなく、わたしは「そうですか……」と頭を垂れるしかなかった。残念だがしかたがない、出会うのが遅すぎたのだ、と何度も自分にいい聞かせた。

わたしがよほど悲しそうな顔をしたからなのか、村地忠太郎は曲物の側板を乾かすときにつかう、「ハサミ」とよばれる道具をわたしに手渡してくれた。それは百年ほど前につくられ、父親の代からつかわれてきたものである。二本の細長いヒノキでできた「ハサミ」には、山から採ってきた藤の蔓《つる》の皮が巻かれ、束ねられていた。蔓も優に百年以上は経っていることが、手に取るとすぐにわかった。歴史を感じさせる「ハサミ」をわたしのふたつの手の中に入れると、それは多くのことを語り出しそうな気がした。その人や父親が長年つくってきた木地の話を。

村地忠太郎が大切にしている道具を預からせてくれたことが、わたしはとても嬉しかった。道具を手渡してくれたその人の両手は大きく、このしごとをするためにわざわざ変形したかのようにどの関節も太く、良くしごとをしてきたことが見て取れた。両手の肌は艶々していた。「先生の手はきれい」というと、その人は「それはしごとをしていない職人ということだな」といって笑った。決してそうではないのは、誰もが知っていることなのだけれど。

村地忠太郎の知性とユーモアに魅了されながらも、もう二度とは会うことはないのかもしれないと思いつつ、わたしはその仕事場を辞した。いつか、「ハサミ」を返すことを口実に、もう一度だけでも木曾福島に会いに来たら、村地忠太郎はわたしを家に招き入れてくれるだろうかと考えながら。

「クラフトマンたれ」、上松での一年

わたしは村地忠太郎に出会えたものの、教えを請うことはできそうにないと諦めるしかなかった。年が明けて三月になれば、わたしは上松技術専門校・木材工芸科での一年の課程を終了し、卒業する。そして、木曾を去り、郷里である東京に帰らねばならないと思い定め、東京での就職先を探し始めた。

年末年始に帰京した折に、家族に訊かれた。「上松の学校で、なにができるようになったか」と。わたしは木材工芸科十一人の学生のなかで、いちばん出来の悪い生徒だった。

南木曾《なぎそ》轆轤《ろくろ》、旋盤《せんばん》、刳《く》り物、竹細工、漆。このひとつひとつについて、内容の濃い授業が、指導員やそれぞれの専門の外部講師の先生方によって、熱心に展開された。しかし、わたしには自信をもって「これができるようになった」と答えられるものがなかった。家族は「そんな状態で東京に帰って来ても、上松での一年が無駄になるだけだ」といった。そして、「木曾でなくともよい。どこでもよいから、あと二、三年勉強して来い」というのだった。

わたしが在学した長野県上松技術専門校は、県が設置、運営する職業訓練校である。木工科と木材工芸科があり、二〇〇六年度のそれぞれの学科の学生数は二十九人と十人、指導員の先生方は二名と一名。年齢も出身地も学歴や職歴もまちまちの学生たちは、皆なかなかに個性的で面白い人たちであった。先生方は職人気質で情熱的、そして、学生のさらに何倍も個性豊かだった。技専の先生方は、わたしが子どものときから出会った数多くの学校の先生のなかでも、飛び抜けて熱心な指導をされた。

上松技専はプロの木工家を目指す人なら知らない人はない、この業界ではよく知られた学校である。この学校に憧れ、日本の北から南から多くの学生が集う。

わたしはふとしたことでこの学校の名を知り、インターネットで検索した。そこには、上松技専の公式ホームページと、当時の安納五十雄校長の私的ホームページが並んでいた。

校長の「上松技専の魅力はなんだろう」の文章に惹かれた。無垢材をつかうこと、授業が鉋《カンナ》や鑿《ノミ》などの道具の仕込みに始まり、製作は学生個々に沿った過程でなされるとの説明は魅力的だった。

……みんな揃って同じ物を、同じスピードで作りましょうではありません。教育の平等性を唱えるフラミンゴ教育は、残念ながらなされません。早い人は早いままに突っ走り、遅い人はそれなりに置いていかれたりします。授業が終わり、家に鉋を持ち帰り、刃を研ぐ。明日こそは見てろってな感じ、迎え撃つ方はかかってこんかいの思いを込めて、それぞれ刃を研ぎます。これが個性を尊重した教育というものの姿であると存じます。個人的には、ここのライバル意識は好きです。

この環境で木工を学ぶために、背景のまったく異なる人びとが集う学校は、とても面白そうだとわたしは感じた。そして、上松技専の訓練期間は一年である。一年間ならば、家族を東京に残し、単身寮で暮らし学ぶことの了解が得易い、とすばやく頭のなかで計算した。

遠い昔にすっかり忘れてしまった「数学」などをしばらくぶりで勉強し、受験、なんとか合格。二〇〇六年四月、わたしは木曾にやって来ることができた。

上松技専は職業訓練校であることから、当時の木材工芸科担任の池田義一先生は「アーティストであるより、クラフトマンたれ」と学生に話された。ちなみに、職業訓練校では「先生」は「指導員」、「学生」は「訓練生」というのが正式である。

わざわざ先生が「アーティストよりクラフトマン」と話されるのは、学生の多くが技専を卒業後、就職、そこでさらに技を磨き、将来は独立して自分の工房をもつことを夢見て、上松に集って来ているからだ。学生たちは、近ごろ、街ではなかなか見かけなくなった、目指すものを内に据えた強く輝く目をしている。

将来の夢を見据えて上松技専への入学を希望する者は多い。しかし、木工業界の現状はたいへんに厳しく、求人は少ない。また、たとえ就職できたとしても賃金は低いのが実情だ。だが、卒業後、就職が厳しいことを承知で、それまでの安定した収入を反故にして上松にやって来る学生も多く見かける。安納校長のホームページにあるように、上松に集まる学生は「生き方として木工を選択し、そのために技専校に入る人が多く、最終的には自分で工房を構えて、生活していくことを目指す人たち」ということになろうか。

職業訓練校はその設置目的から、「早く、正確に、より多く」の製品をつくる職人を養成することに努めているのであって、作品をつくる作家養成の場ではないことを、学生たちの心の奥まで良く承知されたうえで、先生はときに学生に釘を刺される。技専の先生方は学生が入学してからすぐに、卒業後の就職に心を砕かれる。

上松技専で木工を勉強する多くの仲間のなかにあって、わたしはずっと「職人」に憧れていた。黙々と口数少なく手を動かし、おなじ製品を手早く幾つも正確につくっていく職人の姿は何時間見ていても見飽きない。

入学前のわたしにとって、職人の生活は遥か遠い世界のものであった。そして、入学後、技の習得にてこずるわたしにとって、その道程はさらに険しいものと実感した。技専で技を学び始めて、職人の世界が近しいところに見えてきながら、なお手が届き難いと知れば、さらに憧れは募った。

上松技専では、ここに来なければ、これからも決して交錯することのなかった背景のちがう同級生たちと学び、指導員や講師の先生方の情熱溢れる授業を受けることができた。そのなかにあって、わ

木材工芸科の授業風景（撮影：黒田健朗）

たしは自分自身のもの覚えの悪さ、勘の鈍さに自ら舌打ちしながら日々を送っていた。ときに自分のあまりの出来の悪さに辟易しながらも、翌春までの短い学びの期間を大切にしたい気持ちがあった。

なんとか技専での一年間を乗り切り、東京に帰るか……の思いのなかで、家族の「このままでは上松での一年間が無駄になる。二、三年どこかで勉強して来い」の一言は、わたしの運命を変えるに十分だった。

＊

冬休みが終わり、三学期が始まって一週間も経たない一月のある日、木曾町役場から学校に一通の募集書類が送られて来た。古民家を改装した「木地の館」で木地製作を行なうとあり、役場が進める「八澤春慶復興計画」への参加を呼びかける内容であった。木地屋の指導の下、木地製作を希望する者を募集していた。その木地屋というのが、あの村地忠太郎とあるではないか。まさか！　である。

ただ募集条件は、この計画に応募しても生活していくことが難しい内容だった。学生は誰も応募しなかったというより、できなかった。わたしは町役場から示された条件について、とにかく役場と話し合うことから始めようと考えた。なんといっても、あの村地忠太郎から教えを請うことができるのだから！

なにかをしていくうえで困難があれば、初めから諦めるのではなく、話し合いながら解決を図っていくことを、わたしはそれまで至極当然なことと考えていた。その後、それが周囲に次々と波乱を巻き起こすことになるとは、このときわたしはまだまったく気づいていない。

わたしの応募はすぐに受け入れられた。

だが、数日後、師匠となるはずの人が、女であることを懸念していると連絡があった。「いままで、木曾に女の木地屋はひとりもいなかった」と村地忠太郎はいっている、と。わたしはその真意を考える前に、女であることを理由に応募を断られるかもしれないと危惧した。

わたしは「どうして！」と安納校長に思いをぶつけ、「木工業界はさ……。木曾はな……」としきりにわたしをなだめようとされる校長に、さらに「なんで！」と反発しては悔しがった。

しかし、募集条件が生活の目途の立ちにくいものだったために、ほかに応募者はなく、女であることに懸念はあったのだろうが、最終的にわたしは採用されることが決まった。木地屋村地忠太郎に教えを請うことができる！　と、わたしは心から喜んだ。

その後、村地忠太郎と話をしてみれば、決して女を見下すような人でないことはよくわかった。力仕事の多い木地屋のしごとは、肉体的に非力な者には難しいと心配してくれていたのだ。

師匠に世話になってしばらく経ったある日、「わたしが女であって、まずかったですか？」と師に訊いた。「アンタは積極的だからよい。男も女も積極性がなくてはダメだ」と師はいった。わたしが「積極的というより、図々しいのかもしれません」というと、師は「良くも悪くも、アンタは都会の人だと思った。図々しいといういい方もあるが、なにごとにも積極的で、こうでなければと思うこともある」といってくれた。都会の人間が、皆、わたしみたいに図々しいわけではないのだけれど。


師匠はそれまで、たとえ男であっても弟子は取ったことがないし、今後も取るつもりはなかった。だから、わたしの採用は不承不承だったにちがいない。しかし、そのときわたしは、そのような師の思いなど知る由もなかった。

平生どんなことをも淡々と受け止める師匠は、その後、有難いことに地元出身でもないわたしを、大切に受け入れてくれることになる。村地忠太郎は懐の深い人である。幾種類もの漢方薬の入った桐の小引だしが壁いっぱいに並ぶ、上ノ段の池口薬局のおばさんは「それがほんとうの木曽の男よ！」とちょぃと胸を張って教えてくれた。

師匠の許には、ときにどうしてここに持ち込まれたのだろうと思うしごとが舞い込むことがある。わたしは断るだろうとみていると、師は決してあきらめることをしない。しばらく、棚上げにした厄介なしごとも、いつしか工夫し、自分のものとし、とどのつまりは楽しんでしまうのだ。

わたしが住むことになる町役場所有の「木地の館」は、都会しか知らないわたしには、囲炉裏もあり、とても趣のある家に思えた。しかし、木曽の冬は厳しい。古い家は冬場は耐え難いほど寒いのだ。そのことにすら気づかぬほど、当初わたしは木曽についてなにも知らなかった。

＊

木曽で暮らし始めた日々、初めて出会った多くの木曽の人びとの好意と優しさのなかにいて、いま思い返しても感謝の気持ちでいっぱいになる。しかし、また、おなじとき、わたしはそれまで歩んで来た道程ではついぞ経験したことのない、小さな社会のありようや生活、厳しい自然などに、真正面からひたと向き合わされてもいた。どうしたらよいのか戸惑い立ち尽くし、わたしは師の前にいた。

亡くなった父と同い年の師が、卓越した技を目の前で見せてくれたその数時間ののちには、ひととききわたしの悩みに「苦《く》にせなんだ方がいい、苦にせなんだ方がいい。あまり苦にしておると、神経を病んでしまうぞ」と声を掛けながら自身の心を添わせ、笑い飛ばし、慰めてくれていたからこそ、わたしはいま立つところに踏み留まる。「苦に……」は「気にしない方がよい」の意だと師は教えてくれたが、東京生まれのわたしには、深く落ち込んだ辛い胸のうちを、より重い「苦」と受け止めてくれた気がして、その懐でいっとき心ほぐすことができた。

この時期、わたしは木曾川のほとりの木の枝にようやく引っかかり、風にはたはたと弄ばれている布切れのような自分を感じた。一瞬、強い風が吹けば、たちどころにどこか飛んでいってしまいそうだった。ときに風に吹かれ、枝から落ち、木曾川の早い流れに乗ってどこか遠くへ運ばれていってしまいたい想いも湧いては消えた。危ういながらも、漸《ようよ》う布を枝に結び留めてくれていたのは、高齢の師匠であった。樹齢数百年の木曾ヒノキのように、自然の厳しさに裏打ちされ、年輪を重ねた師の智恵を、心の底から有難く思う日が、木曾に住み始めて直ぐにやってくる。

「旅の人」、木曾に暮らす

木曾で「旅」ということばのつかい方は独特だ。たとえば「『旅』から注文があった」というとき、「旅」は地元ではない「よそ」の意だ。「旅の人」といえば、それは地元出身ではない「よそもの」のことである。

*

二〇〇七年四月。

木曾福島に住み、村地忠太郎の仕事場に通いながら、木地屋のしごとを見せてもらう生活が始まった。毎朝、家の玄関を一歩出ると、わたしは身近な木曾の自然を体いっぱい受け止めることが習いとなった。

ようやく厳しい冬が過ぎ、人びとが待ち焦がれた春の訪れた、木曾谷の町。川辺の路には可憐な草花が咲き、家々の前には手入れのいきとどいた色とりどりの花が並んで、道行く人の目を楽しませてくれる。ときに、小さな花に呼びとめられては、しばらくかがんでそっと花に手を触れる。町を間近にぐるり取り囲んだ山々は、枯れた茶色から鮮やかな緑色に変わる。山々に丸く縁取られた青い空には、白く儚《はかな》げな雲が浮かぶ。春の喜びが静かに木曾谷の町に満ちる。

四月末になると、かつて「木曾漆器」の職人が多く住んだ木曾町八沢には、多くのつばめが飛来し、駅前からつづく通りに面した店や家の軒下に巣をつくる。つばめは人の背丈より低いアーチを何本も描きながら通りを横切る。つばめが多く町なかに飛来するのは、ここ四、五年のことだという。近年の異常な気候のせいではないかと話す人は多い。この時期、通りに何ヶ所かクルマの運転者向けの看板が立つ。木曾福島で初めてこの看板を目にしたとき、わたしはこの町に暮らす小さな喜びを見つけた気がした。

八沢通り　つばめが低空飛行中につき　徐行願います

＊

おなじころ、そっと慎ましく、町に桜が咲き始める。
木曾の桜は、多くの花見客が陣取り合戦をする東京の桜のように豪華絢爛ではないけれど、楚々とした美しさがある。好みもあろうが、わたしはこの素朴な花をつける清楚な木曾の桜が好きだ。

二年前まで暮らした東京の、谷中墓地は桜の名所としても知られる。春、絢爛とした桜の大木が何本も、道行く人の頭上にたくさんの花をつけた枝をひろげる。道路際や墓地にも、桜見物の人びとのブルーシートが敷かれる。墓地の中の、ブランコなどの遊具がおかれた小さな公園では、近くの東京藝術大学音楽学部の学生によるささやかな演奏会も催される。いつもは墓参りや弔いの人が静かに参る谷中墓地は、桜が満開のこの時期は華やかな気分に満ち、いまやあの世の住人となった人たちも、きっと一年一度の賑わいをともに楽しんでいることだろう。浮き浮きとした都会の春を感じさせる光景だ。

それにひきかえ、ここ木曾では、穏やかな日和に、昼日中、手づくりの煮物や果物などをいっぱい重箱につめて出かけ、桜の木の下、十人に満たない仲間が、それもたった一組、いくつもの弁当をひろげながら、笑顔が満ちるなかビールで乾杯。昼過ぎて、ほんの少し陽の傾くころには帰途に着くのが似つかわしい。

興禅寺で夜桜のライトアップがはじまると聞いた宵、わたしは暗くなるのを待ちかねて出かけていった。わたしのほかに見物人はなく、たったひとりで見るにはあまりに惜しい、大きく枝をひろげた、それは見事な枝垂桜《しだれざくら》の、夜空に浮かぶ薄桃色の荘厳な美しさの下で、わたしは立ち尽くしていた。この町の夜桜には、酒も賑わいも似合わない。木曾の人びとは厳しい冬をじっとやり過ごし、心静かに桜を愛《め》でながら、ようやく訪れた春を、静寂のなかでしみじみ喜ぶのだと気づく。春夏秋冬、ひとつひとつの季節の訪れを、人は心して迎える。これが大自然の只中で生きることなのだと知った宵であった。

日に日に木曾の自然についての感慨を深くしながら、ここに生きる人びとの心に思いを致し、ともに暮らす二度目の春である。

*

わたしの住む上ノ段から村地忠太郎の仕事場までは、歩いて六分ほどだ。家の前を流れる八沢川に沿って歩き、旧国道を横切り、下に木曾川を見ながら行人橋を渡る。

八沢川は中央アルプス・木曾駒ケ岳近くの赤林山を源とする小さな川で、木曾福島の町なかで木曾川に合流する。わたしは道すがら、毎日ちがう表情をみせる川の水かさや色、流れの勢いを見つめ、川音を聴きながら歩く。師匠は「昔、川はもっと澄んでいて、多くの魚がうようよ泳いでいた」というが、わたしにはいまだってきれいな川に映る。

川辺に住む喜びを知ったのは、木曾に暮らし始めてからだ。

わたしが生まれ育った東京の家の近くには、妙正寺川が流れていた。幼いころ、春の川辺には黄色い菜の花が咲き、川岸にはどこまでもつづく桜並木があった。しかし、台風が来れば氾濫する川の、川幅をひろげるため、ある日、見事な桜並木は根元から切られ、菜の花畑もなくなった。その後、住宅が多く立ち並び、川はただの水路になった。ここ十年以上前からは、人の心のありようを表すかのように、放置自転車やゴミが川に投げ込まれているのを見かけるようになった。わたしはもはや川に親しみを感じることはなくなった。

初めて木曾で暮らした寮の横には、釣り人にその名を知られた上松小川が流れていた。赤沢美林から木曾川に流れ込む澄んだ川で、大きな岩がゴロゴロ川底に並んでいた。学生は休みの日に、川の真ん中に突き出た大きな岩の上で昼寝をし、夏には泳ぎ、釣りに出かけては熊と遭遇したりした。大きな岩の転がる川辺で、風の音のする南米の笛を吹く学生がいた。大雨が降り水量の増えた川は、川底の岩が動き転がる音がすると寮の一階に住むその人は話してくれた。寮では川面に近い一、二階に男性が、女性は日当たりのよい三階に住んでいた。

東京から上松に越した当初、「川の音がうるさくて眠れない」と、あまりなことを口にしていた自分を思い出す。東京に生まれ育ったわたしは、人は大きな自然の懐に住まわせてもらっていることや、自然とともに生きる楽しさを、木曾の四季と日本各地か

木曾川にかかる行人橋。川岸ぎりぎりまで家が建ち並ぶ

ら集まった同級生の感性に教わった。

＊

二〇〇七年三月。

上松技専の卒業を二週間後に控えた日に、木材工芸科の学生は安納校長の運転する乗用車と、池田先生の運転する学校の二トントラックに分乗して、岐阜の銘木店に出かけた。岐阜市元浜町の桜井銘木店は、多くの木工家に信を置かれる材木店である。歴史を感じさせる店と、道を挟んで反対側の、川沿いに建つ現代的な倉庫とが町に溶け込む。わたしたち一行を温かく迎えてくれた店主夫妻からも、短い滞在時間のなかで、その歴史と格式、木を愛する心が伝わってくるのだった。

学校への帰途、二トントラックの後部座席に座り、正面にある金属のバーを握り締めながら外を見れば、ここに住んでみたいと思わせる、岐阜市内の静かで落ち着いた町並みと、ゆったりとした風の流れが感じられる景色がひろがっていた。近々、別れの日が来る先生や同級生たちと乗るトラックが、市街地を抜け郊外へ向かうと、夕焼け空の下、滔々《とうとう》と流れる長良川を目にするのだった。わたしは「ここに住んでみたいな」と今度は声に出していった。

木曾に暮らして一年が過ぎ、川はその土地に生きる人びとの命の流れなのだとわたしは思うようになっていた。その後、わたしは日本のどこへ出かけても、いつも川を眺めていた。

上松技専では、一年間、学校も寮も、いつも仲間と一緒だった。卒業し、三々五々寮を出て行くある晴れた日に、駐車場に大の字に寝そべり、にぎりしめた拳骨で熱い涙をぬぐっていた友。気が好く楽しい仲間との別れは悲しかった。将来は木工の先生になりたいというその人と、第一回目の教え子になる約束をして別れた。また、それまで生きてきた荷物のすべてをクルマに積み込み、「また会えぬわけじゃなし」と静かに手を振り木曾をあとにした人。わたしは木曾に残ることが決まっていたから、去り行く人より送り出す方がつらいんだぞと心のなかで呟いた。仲間は日本の各地に散り散りになった。わたしは川の流れにたゆたう一枚の木の葉みたいなものだった。置いてけぼりをくったような気持ちで、茶色い山を眺めていた。これから始まる木曾福島での新たな暮らしを思い描いては、不安に押しつぶされそうだった。

*

二〇〇七年四月。

木曾福島に住み、朝の爽やかな風のなか、師匠の村地忠太郎の仕事場に通う短い時間にも、行き合う人ごとに「おはよう」の挨拶を交わす。東京からやって来たわたしを心配して「大丈夫か」と声をかけてくれる人、山菜や畑で取れた野菜、季節の料理や一日遅れの新聞を届けてくれる人、ひとり暮らしのわたしに一緒に食事をしないかと誘ってくれる人もある。

家族を東京に残し、ひとりで木曾にやって来ているわたしを、怪訝《けげん》な顔で見る人もいる。村地忠太郎でさえ、「度胸がよいというか、無謀というか……」と呆れ顔でいう。「日本全国から上松技専にやって来た人はそんな人ばっかりです、きっと」と、それまでの人生をリセットして、新たに歩み出すかのような生き方を選んだかつての同級生たちの顔を思い浮かべながら、わたしは師に話す。

町に住み始めてから多くの人びとが声をかけてくれたので、わたしにはすぐにたくさんの知り合いができた。木曾にやって来て見るものすべてが珍しかったわたしは、「町のどこかでなにかがある」と聞きつければ必ず出かけていった。そんなところでいつも出くわす人もいて、心安くなった。道で知らない人と顔を合わせれば、初めての挨拶を交わしながら、多くのことを教えてもらった。

師は「短い間にアンタはワシより多くの町の人と知り合いになったなぁ。それにアンタ、営林署（旧木曾福島営林署）にも行っただろ。ワシなんかいままで一回も行ったことなんかないぞ」といった。

木地屋の仕事場

村地忠太郎の仕事場のある家は、このあたりの木曾川川岸に見られる「崖屋《がけや》造り」だ。昔は「下屋《したや》造り」ともいった。

木曾町は四方を山に囲まれた谷底にあり、平地が極端に狭いため、家は川岸ぎりぎりまで建てられる。「崖屋造り」の家は、川から川岸に寄りかかるように建つ。地震が起きたらどうなるかと心配になるが、川面ぎりぎりのところで過ごす快適さは堪えられない。窓辺いっぱいに陽の光を浴び、岩にぶつかり飛沫を上げ流れる川を背景に、川音を聴きながら終日過ごせば、人もまた木曾川川岸の風景にぴたり納まる。

師匠の家も道路に面した表から見ると平屋だが、家の裏側の川の対岸から望むと、それは二階建ての家だ。裏から見れば平屋の下に仕事場が見えるのだ。玄関から入り、座敷を抜け、階段を下りると、そこが村地忠太郎の仕事場である。広さは六畳ほどであろうか。

師は、それぞれの塗師屋からの注文に応じた形のちがう製品をつくる。形がちがえば、その製品に合せた道具も毎度新しくつくらなければならない。曲物をつくるときには、製品の形や大きさに合わせた「コロ」を、鉈で丸太を削《はつ》り、鉋をかけて用意することになる。いままでに経験したことのない曲物のしごとをするたびに、新しいコロを時間をかけて、手道具だけでつくる。だから、おなじ製品の注文の数が少ないと、製品をつくるまでに、道具をつくる手間と時間ばかりがかかることになる。

コロにはひとつひとつつくられた年月日が書かれてあり、父親や祖父の代から引き継いだ道具も多いことがわかる。仕事場にはコロだけで百はあろうか。いつか、また、おなじ形の製品の注文があるかもしれないから、ひとつのしごとが終わってもコロは大切に取って置く。というわけで、しごとを受けるたびに道具が次々と増えていく。

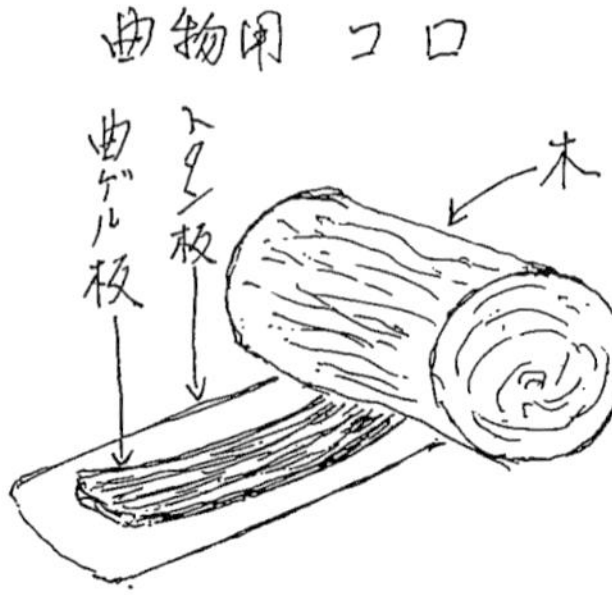

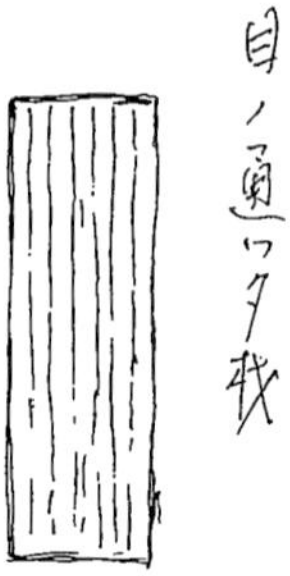

村地忠太郎のつかう材料は、木曾ヒノキとサワラ、曲物を綴じる山桜の皮などである。「木を割り」、「へぐ」ことのできるヒノキは、樹齢二百〜五百年の、素性が良く、目の真っ直ぐに徹ったものである。「目」とは年輪の繊維のことである。繊維が真っ直ぐに上から下まで徹った材を、素性が良いという。樹齢の高い木曾ヒノキやサワラの柾目には、細かいものは〇・五ミリほどの間隔の緻密な目が平行に走り、それは美しい。

師は「人間とおなじで、木にも素直なのとひねくれたものがある。良い木もどうにも始末に負えないものもある」という。木曾ヒノキやサワラの仕入れどきは、そのような素性の良い材と「出会ったとき」なので、買い込んである材は家いっぱいの量だ。家の内外、また、天井裏、階段の壁際半分など、家中どこも材だらけだ。

しごとで出たどんな小さな端材も、また、腐れや虫食いを切り落とした材も、師は決して捨てることをしない。いつか小さい製品の注文があったときに、端材が必要になることだってあるし、切り落とした材は、木地をつくる際に道具につかえるかもしれないからだ。鉋屑であっても、きれいな物は捨てずに袋に入れ、取ってある。「つかう当てはないが、きれいだでなぁ」と師はいいながら、仕事場を掃除をするときに袋に詰める。製品が完成して注文主に梱包し発送する際に、そんな樹齢数百年の鉋屑を緩衝材として詰めることがある。

したがって、師の仕事場の掃除は、整理整頓ということであって、なにかを捨てることではない。これらのものが八十年近い職人生活のなかでたまっていき、家中どこもかしこも道具と材置き場といってよい。

＊

仕事場には、ヒノキを熱湯で曲げる前には、水に浸さねばならない工程があることから、長い材も浸かるようにステンレス製の長さ六尺（百八十センチ）、幅一尺（三十センチ）ほどの「ノバカシ舟」がある。作業工程に応じてつかい分けるために、幅の異なる長さ五尺（百五十センチ）ほどの作業台が何本も壁に立てかけてある。鋸《ノコギリ》、鉋、罫引《ケビ》キなどの道具も、父親の代からのものを含め、数多くある。曲物をするのに必要な石油コンロ、紙のように薄くなった砥石《トイシ》、重石としてつかう石臼《イシウス》、百年以上前につくられた「笊《いざる》」（竹を編んでつくったざる）もある。作業場にも材がたくさん壁に寄りかからせて立ててある。

しごとに必要なものばかりがぎっしり詰まった仕事場は、足の踏み場もない。中畑の仕事場でふたりが同時に作業ができるスペースは残っていない。そのため、わたしはしごとはできず、その作業工程を見せてもらうだけだ。わたしは師のつかう「盤《バン》ノ板《イタ》」（坐式作業台）のすぐ横にいて、ノートに記録を取り、必要に応じて写真やビデオを撮る。

師匠は「しごとは教わるものではない。見て覚えるものだ」とつねづね口にする。聞けば、いくらでも教えてくれる師だが、手取り足取り教えることはしない。これは村地忠太郎自身が歩いてきた道であり、流儀である。しごとは自分の頭で考え工夫するものだという。教える者と教わる者との距離の取り方は、師匠らしい気がする。毎日、仕事場で一対一で顔を合わせるのだが、この距離が甘えを許さない小さな緊張を孕《はら》み、日々気持ちも新たに木地屋のしごとを学ぶ。

仕事場からは、川面の増水に備えて取り外しのできるようになったハシゴを伝って木曾川の川原に下りられるようになっている。天気の良い日には、割った樹齢二百年以上のサワラの「ヘギ板」が、横に渡した長い板の上に並ぶ。表が乾けば裏を天日に干すことを、一、二週間、あるいは乾き具合によっては三週間ほど繰り返す。割ったサワラの板に僅かばかりでも残った水分を飛ばし、製品ができあがってのち、使い手の許に渡った製品に狂いが生じないようにするためだ。

曲物をつくる工程でも、曲げた側板を、物干し竿に通したり、笼に入れて天日に干す。木に十分に水を含ませたのち、熱湯をかけて曲げた木を乾燥させ、形を固定するのだ。

＊

わたしは朝から昼過ぎまで中畑の仕事場にいてしごとを見せてもらい、終わると師とともに座敷に上がり、仏壇に線香を上げる。師が仕事場で手際良く自信に満ちて作業を進める姿と、仏壇の前で小さくその体を折り畳み、真摯に頭を垂れる姿の両方に、わたしは村地忠太郎の生き方の心髄を見る思いがする。その後、茶を飲みながら師の話を聞く。その日見せてもらったしごとのなかでわからなかったことや疑問に思ったこと、かつての「木曾漆器」や木地や塗師屋の話などを。わたしにとってこの時間は、しごとを見せてもらうのとおなじように貴重である。

「ヘギ」と「曲物」のしごとには、「天日に干す」大切な工程があるから、いつも師は座敷にいても、ガラス戸越しに木曾川の上に広がる大きな空を眺めては、天気の移ろいや木曾川の増水に注意を払い、

ノバカシ舟
(ステンレス)

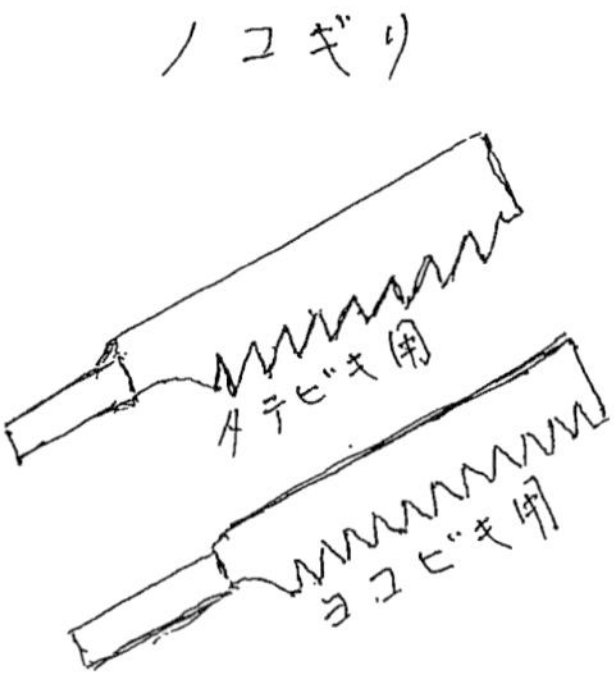
ノコギリ
タテビキ用
ヨコビキ用

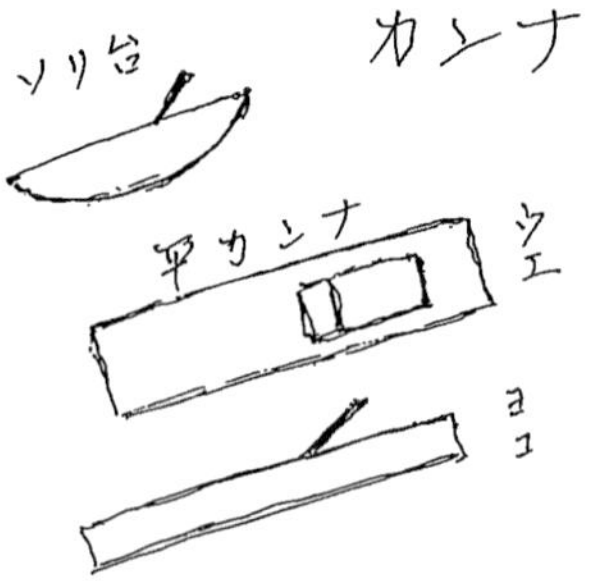
カンナ
ソリ台
平カンナ
タテ
ヨコ

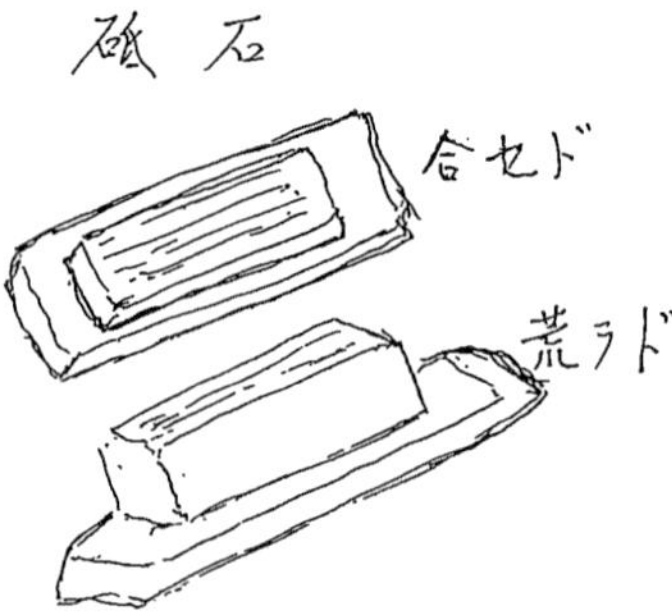
砥石
合セド
荒ラド

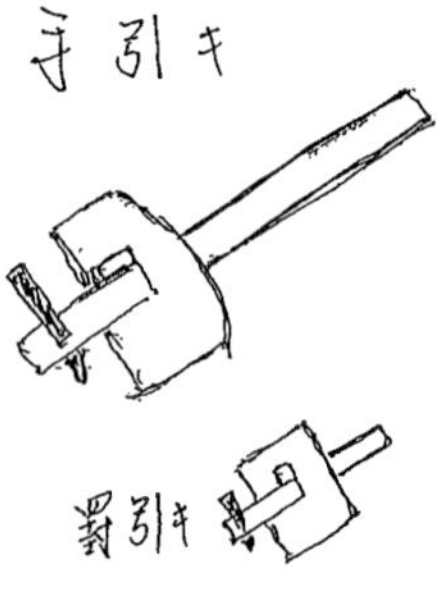
毛引キ
罫引キ

仕事場。盤ノ板の前が、師匠の定位置。
ガラス戸の向こうに糸鋸がある

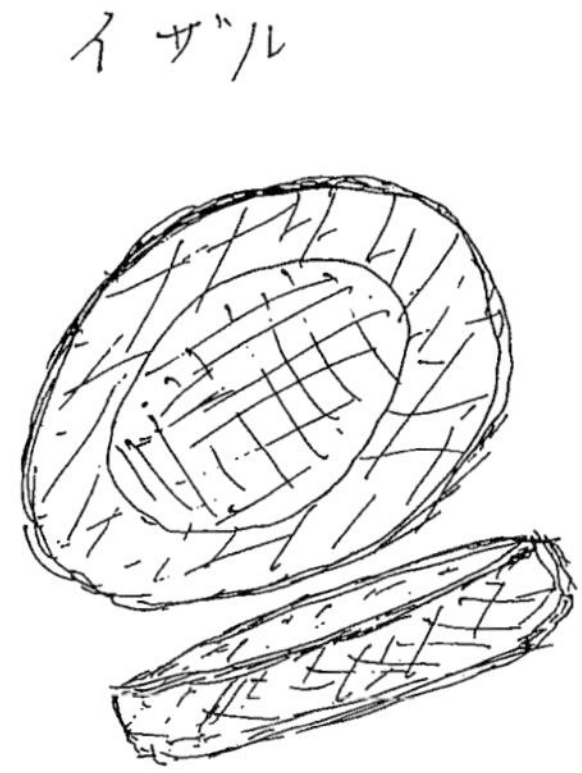

一階から仕事場に通じる階段の壁際
半分には、ヒノキの板がぎっしり立
てかけられている

しごとの進捗《しんちょく》を気にかけながら座っている。急な川の増水があると、下屋に置いてある道具や端材、川岸に干してあるサワラが流されるので、いままでも早目に対処してきた。いちばん困るのがダムの放流だという。それは自然の増水のようには予測がつかないからだ。夕方、歩いて十五分ほどの娘一家と暮らす万郡《まんごおり》の家に帰宅したあとにダムの放流があると、どうすることもできず、材や道具が流されたことがいままでに幾度かあったと話す。

＊

崖屋造りの家では、道路より下にある部屋や物置を「下屋《したや》」という。実際は、座敷の階下にある仕事場も「下屋」であるが、師匠はそこを「仕事場」、その下にある物置を「下屋」とよんで区別している。

中畑の仕事場に通い始めてしばらくすると、わたしは仕事場のある家とサワラを干すために川原に打ったコンクリート、家の外にある材のすべてが村地忠太郎その人そのものではないかと感じるようになる。村地忠太郎自身がその頭脳であり、仕事場や干し場や材が、その手足や体であるような気がするのだ。

当初「木地の館」ができるにあたり、役場は村地忠太郎にそこでしごとをして欲しいと依頼した。しかし、中畑にある川端の仕事場を離れることは、師にとっては身を裂かれるような無理な相談であったにちがいない。そして、役場の申し出を断った師は、次にきた「誰かに木地製作を教えて欲しい」との依頼には、「一度は断っても、二度は断れない」と引き受けるのだ。師はそれまで弟子を取ったことはなかったし、その後も取るつもりはなかった。九十歳を過ぎて、初めて木地づくりを学ぶ者を指導するのは、それは難儀なことと誰もが考えるところであろう。しかし、師匠は役場の意向を尊重した。このことを師から聞いたとき、いつも自分のことよりほかの人の立場を慮る、じつに師匠らしい話だと思った。村地忠太郎にしごとを学べることを喜ぶばかりだったわたしは、そのときの師匠の心持ちなど、まったく想像してみることもなかった。話の経緯を聞き、師匠には申し訳ないことであったと痛み入る。

木曾川の対岸から望む「崖屋造り」の仕事場

その後、仕事場に通い、ともに時間を過ごすようになったわたしに、師匠は「いままで長いこと、しごとの話をする人がいなかった」としみじみいい、また、曲物を山桜の皮で綴じるなどを手伝うとき、「寄り合ってしごとをするのは、何年ぶりかなぁ。ずいぶんになるよぉ」と嬉しそうにいっては、わたしを喜ばせてくれるのだった。

この師匠の許で、いまわたしは木曾に暮らす。

人びとの輪のなかで

危ういながらも、わたしの木曾福島での暮らしは、万事休すと天を仰ぐと、どこからか木洩れ日のような柔らかな光が差し込んできて、そのたびにようやく息をつくようにして、いまがある。

＊

二〇〇七年三月。

木曾福島に越して来たとき、交通の不便なこの土地でクルマをもたないわたしは、新居の買物ひとつにも困り果てた。そのとき手を貸してくれたのが、上松に住む木工家と書家の夫妻であった。ふたりはかゆいところにも手の届く気遣いをして、風のように去っていった。あとには囲炉裏の灰と炭と火吹き竹など心も暖まる品々と、「盤ノ板」、手づくりの漆の刷毛など、これからわたしがこの地でしごとをしていくのに必要な道具が残されていた。

当初、わたしは木曾ヒノキやサワラ、山桜の皮などの材、そして、ヘギにつかう道具の入手やその費用の捻出に難儀した。

町役場の「八澤春慶復興計画」に採用が決まったあとに、樹齢数百年の節がなく真っ直ぐな木曾ヒノキやサワラ、現在はつくられていないヘギを削る「サット」などの道具を購入する方法や費用の概算を担当者に問うと、「村地さんと相談して欲しい」というのだった。遠い昔に材を仕入れ、親代々の道具をつかう村地に相談してみても、わかるはずがなかった。具体的な情報がなにもなく、これからの予定もまったく立たず、わたしは先行きに大きな不安を覚えた。なにも始まらないことに焦るばかりだった。やりたいことを見つけ、村地忠太郎と出会えたものの、それだけではどうしようもなかった。

わたしは「東京から、ミシンから喪服まで持って来た」といっては人に笑われたが、退路を絶って木曾に来ていた。このままじっとしているわけにはいかないのだった。嘆いてみても始まらないとすれば、知り合いひとりない木曾福島で、自ら道を切り拓いていくしかなかった。腹を括《くく》ってやってみようと思った。「たったひとりの暮らしだもの、なんとかなる」と経済的に破綻するその日まで、木曾で自分なりに精一杯やるのだと決めた。

＊

村地忠太郎は七十七年前に高等小学校を卒業し、十四歳のときに家業の木地屋のしごとに就き、父や二十歳年長の兄とともにしごとを始めた。師が現在つかう材は、父や兄のいた家から独立した五十余年前に手に入れたものだ。

さりげなく仕事場にある、見事につかい込まれ、黒光りする道具の多くは、どれも腕の良い職人か師自身によってつくられたものである。祖父の代からつかわれているものもあり、つくられてから百年以上は経っているものも多い。現役の道具は慎ましくも威厳があって、わたしはおいそれと「触らせて」ともいい出せない。ちなみに、職人の道具や材は誰にもつかわせないのは当たり前の話である。師は「道具は高くとも良い物を買うように」と助言してくれる。「これだけ長い間つかえるのだもの、いくら高いといっても安いものだよぉ」という。鉋はともかく、特殊な刃の鋸やヘギを削る「サット」は遠くの大きな刃物専門店に問い合わせても、つくる職人さえ絶えてしまったというのだった。「どこで買ったらよいかわからない」と師匠がいうからには、わたしは誰に訊いたらよいのか当てもなく、途方に暮れた。そんなとき、わたしはホームセンターで鎌を買って来て、「サット」の代わりにした。右手に柄を握り、左手に軍手をして刃の先を持って材を削った。さすがにケガをしそうで困っているとき、開田から役場に通う職員が、地元の鍛冶屋山田貞夫に鎌の改造を相談してくれた。山田は刃の先にもう一本柄をつけ、両手でつかえるようにしてくれた。なにもないところでの応援が嬉しかった。

材については、木曾大橋近くの製材所へ行き事情を話すと、社長は工場にあった端材を、クルマをもたないわたしが、身ひとつで運べるだけ持たせてくれた。肩に材を担いで国道端を歩けば、道行くクルマの見知らぬおじさんが何人か「気ぃつけてなぁ」と励ましてくれた。わたしはいい気になって、クルマに向かって片腕を大きくクルリと回した。品良く古い町並みが保存されているわたしの住む上ノ段を、わたしはキリストが十字架を担ぐような姿で横断した。まだなにもできないわたしだが、「これからやっていく心意気！」と顔を前に向け、脇目も振らずに家路を急いだ。恥ずかしかったのだ。

＊

二〇〇七年六月。

村地忠太郎の許に来た初めての夏、上松にある木曾官材市売協同組合で、直径七十センチ、長さ四メートルの木曾ヒノキの「過熟木《かじゅくぼく》」が展示してあるのを見た。「ヘギの練習用につかえるかもしれない。買おう」とわたしは思い立った。腐れが点々と入った樹齢三百年ほどの木曾ヒノキだった。材木屋は決して手を出さない、チップにでもするしかない材だった。そのため破格値で、官材市売から家まで運搬する費用の方が高くつくくらいの材である。まわりにいた材木屋は、皆、「買うのはやめておけ」といってくれた。

丸太を購入するにあたり、それが割れる木かどうか、経験のないわたしが見極められるはずがなかった。「『ヘギ目』のしごとの九割は、木が割れるかどうかを見極めることにある」と師はいう。いくら安い過熟木とはいえ、運搬費用も考えれば、わたしの一ヶ月分の生活費を超える。判断を間違えて

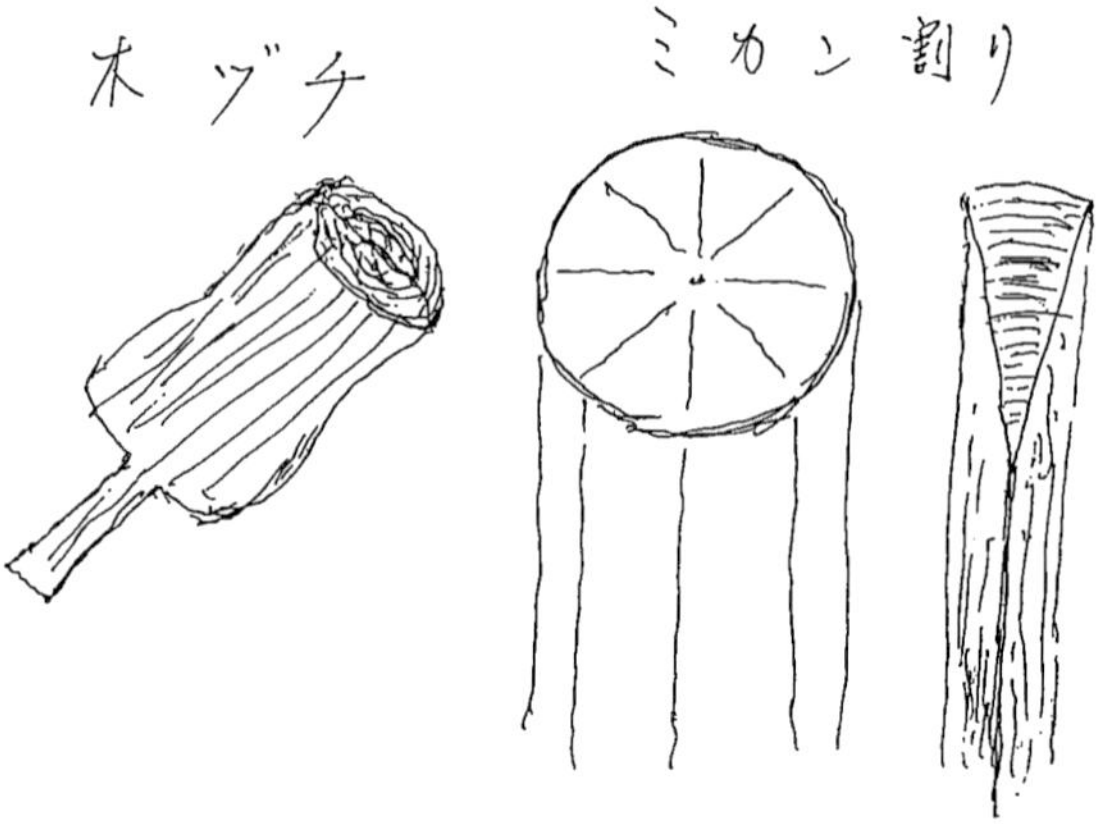

購入し、「割れない」では済まない話だった。そこで、師匠に無理を頼んで、ともに荻原の土場《どば》（貯木場）まで見に来てもらった。「電車に乗るのは二十年ぶりだよぉ。それもアンタと乗るんだからなぁ」と師はいった。見てもらった材は腐れはあるものの、「割れる」と師匠のお墨付きを得た。

*

丸太から材を取るのに、村地忠太郎は機械をいっさいつかわない。鉈と矢（楔《くさび》）と木槌で、玉切りした丸太をミカン割りにする。しごとを学び始めたとき、なんとわたしは高齢の師匠より非力だった。師や知人に手伝ってもらい、割った榑を家の外に積み上げた。榑はまた「割り木《ご》」ともいう。

ヒノキの香が道に溢れた。町の人が句を詠んで届けてくれ、喜んだ師匠はヒノキを三枚にへいで短冊入れをつくってくれた。あまりの幸せに、わたしは思わず自分の額を指で弾いた。

桧の匂う割り木積み上ぐ朱夏の軒　要子

外に積み上げた材を見て、通りかかった人は「ひどい材だよぉ」といって顔を曇らせ、心配してくれたが、それとて「腐れたところは取り除きながらしごとをしますから、大丈夫です」と、わたしはつとめて明るく応えた。いっとき外に置いておいたヒノキの榑は、師匠とおなじく、すぐに家の土間に運び入れた。玄関から裏木戸まで、土間には材が溢れ、通り抜けできなくなった。それでも、わたしは満足だった。なんといっても、生まれて初めての「丸太買い」だったのだから。

＊

その後、多くの木曾の人びとが、見ず知らずの「旅の人」に力を貸してくれた。

町の渡辺畳店は、冬の厳しい木曾で畳が一枚もなかった「木地の館」に古い畳を何枚も持って来てくれた。畳が家に入ると、自然と人も我が家に寄ってくれるようになった。気風《きっぷ》の良い店主の登元は、後日、「隣家の親の代のものだが」といまは亡き木地屋辻井半治の曲物の道具をたくさん持って来てくれた。地元で道具探しを訴えると連絡をくれる人があり、また、かつて町でつくられた「ヘギ目」の「木曾漆器」を持って訪ねてくれる人もあった。その後、役場にも助けられる。さもなければ二〇〇七年末には、わたしはすでに木曾に留まれないところまできていた。

有難いことが幾重にも重なった木曾福島での生活のスタートだった。のちに人は、「アンタがあまり必死な顔で頼むから、なんとかしてやらにゃあと思った」、「アンタの『学びたいのです』には参った」といった。

人びとの篤い思いを受けて、木曾の暮らしやしごとに必要なものが揃い始め、なんとか日々のリズムが刻めるようになった。

一年のうち、四月から翌年の一月まで、わたしは午前中に中畑の仕事場に通い、師匠のしごとを見せてもらう。午後は上ノ段の「木地の館」に戻り、訪れる観光客に、木地を見てもらいながら、「ヘギ」について説明する。その合間を縫うように作業台に向かう。

ときに、生きるために木とは関わりのないしごとに出かける日もある。木のしごとに携わる人だけではなく、ほかのしごとを介して、木曾の人びとと知り合える機会は得難い。この土地で経験することすべては、わたしにとって未知のことばかりで、無駄なことはひとつもない。

二月、三月の厳寒期、わたしは師の勧めで、午後に川端の仕事場へしごとを見せてもらいに出かけることになった。しかし、昼を過ぎてもヒノキを浸した「ノバカシ舟」の水が凍っている。ヒノキの板に鉋をかける師の頭から湯気が上る。そして、寒さの厳しい冬場は、上ノ段を訪れる観光客はない。

春夏秋冬、師匠はほとんど休むことなく、日々淡々としごとをこなす。なにが起ころうと自分のなかで咀嚼《そしゃく》し、拘泥《こうでい》しない。その基軸がぶれることがない。

うしろを振り返ることもしないで駆け抜けた木曾福島での一年であったが、九十一歳を迎えた師匠も木曾に慣れぬわたしも、過ぎ去った冬の間、気がつけば風邪ひとつ引かなかったのだ。

師は、「旅の人」が初めての木曾の寒さにひどく怯えていれば、昼過ぎの微かな温もりや、春の遠い足音に気づかせ励ましてくれた。また、マラソンのペースメーカーのように、「旅の人」に伴走しながら、行く道を示してくれた。「旅の人」に厳寒の木曾の冬を、無事に乗り越えさせてくれた師匠のさりげない心遣いを、いまさらのように有難く思う。

軌道に乗りかけたわたしの木曾での暮らしだが、だからといってすべて順調だったわけではない。良いことがあれば、そうでないこともあるのは世の常だ。

*

冬は凍てつく谷底の町だが、まわりに屏風をはりめぐらしたように、ぐるり山々に囲まれ、外から吹き込む風から守られて、穏やかな時が流れる。

人と人が近しい関係を築いてきたこの谷間の町には、人びとが経験から導き出した物ごとのすすめ方やことの処し方、人との関わり方がある。ほとんどが顔見知りの町では、人びとは極力揉めごとを避け、努めて穏やかに暮らしている。そこに突然、降り立った「旅の人」が、好奇心旺盛にあちこち飛びまわっては自ら噂の種をつくり、話し合いに出かけてはなにごとにも角を立てぬよう、堪えて静かに暮らしている人びとを驚かせた。たとえ、話し合いをしながら条件を詰めなくてはスタートの切れなかった「木地の館」での暮らしであったとしても。

都会からやって来た「旅の人」には、しごとを覚える以前に、たとえ痛い思いをしても知らなくてはならないことがあった。なにもかもがうまくいかず、八方塞がりの夜、「なぜ。どうして」の苦しい思いを抱えながら、幾晩も「布団をかぶって寝てしまう」ことを繰り返した。価値観の多様性などと口でいうのは簡単だけれど、打ちのめされて知ることだってある。そして、わたしが「痛い」と感じるとき、もしかしたら、町の誰かも「痛い」思いをしているのかもしれなかった。そのことをいつも忘れてはならないと、わたしは自分にいい聞かせた。

ある日、「旅の人」はついに木曾の人びとの暮らし方の流儀を知る。

話し合いには応えてはもらえず、どうしたものかと考え込んでいると、町の人は黙して互いの思いを察し、時間を最高の良薬として処方しながら、「不言実行」、行ないで答えを出していく姿を見るのだ。小さな町ではことさらことばはいらない。そこに生きる人びとが互いの思いをじっと見つめ、手を貸し合えば、なにごともうまくやっていけるとでもいうように。

いまさらのように、町の人びとは、賑々しい「旅の人」にどんなに困惑したことだろうと思う。「静かに、静かに！」と助言してくれた地元の友のことばの意味をいまごろになって知る。

木曾に暮らして一年が過ぎようとするころ、わたしはことばを発しようとする自分に、自制を呼びかける内なる声を聞くようになる。そして、ことばにすべきことまで、すべて呑み込んでしまうようになった自分を見つける。黙していれば波風は立たず、楽にはなるが、話し合いがないままことが進むので、齟齬《そご》が生じることにも、その後、わたしは深く悩みを抱え込むのだった。

遠い地からやって来て、異文化のなかで生きる流儀は、誰も教えてはくれない。

その地を横切り、通り過ぎるだけでなく、新天地に根を張って生きていこうとする「旅の人」は、日々の失敗や体験を通して学び、馴染《なじ》もうとあがく。しかし、じきにそれはそう容易なことでないことに気づく。

新しい土地で生きていこうとする「旅の人」は、まずは自分の価値観の根本を揺さぶられることからすべてが始まる。長年培った己の価値観を新《さら》にするのはかなりつらいことではある。しかし、いままで身につけたものをいったん脇に置いて、一歩踏み出してみる。真っ新な心で地平を見つめれば、いつしかこれから生きていこうとする新しい土地で、過去には縛られない新たな自由を手に、いままでとはちがった自分を生き直せる、そんな気持ちにもなるものだ。そのころには、その土地のことばも流暢につかいこなせるようになっていたりする。

木曾での暮らしが始まってから今日まで、師匠は跳ねっ返りのわたしを鎮《しず》めたり叱責したことがない。町で走り回っては壁に頭をぶつけ痛がるわたしに、師は「ひとのいうことをいちいち気にしていたら、前に進めん。自分が良いと思ったことをやっていけばよい」と、変わらずいいつづけてくれた。わたしは、まるでいつもは威勢良く元気に走り回っているのに、いったん怖い目に遭遇すると、父さんの許に泣きべそをかきながら走り込んでくる幼子のようなものだった。「旅の人」は、懐深く、生きる智恵に富み、思慮深い師匠の大きな傘を出たり入ったりしながら、木曾に暮らし始めた。わたしの大切な傘は雨風を凌ぐ拠りどころとなり、また、おてんばな「旅の人」が新しい町になじむに必要なモラトリアムの時を与えてくれた。

そして、日に日に、わたしは木曾の魅力に惹かれ始めてもいった。

＊

東京からやって来たわたしは、木曾郡内の公立幼稚園や小・中学校に派遣されている何人かの「外国人指導助手」（ALT）と仲良くなった。そのほとんどがアメリカ人だが、南アフリカ出身の女性ボノロもいる。町に溶け込みたい思いや悩みは、異国からやって来た文字通りの「異邦人」であるALTとわたしにはおなじものがあったのは、考えてみれば当然のことであった。外国人である彼らと、木曾の暮らしで感じる悩みや望みを忌憚なく語り合うとき、わたしの心は家族の許に帰ったような温もりをしばしば感じるのだった。

木曾福島には県の出先機関があるため、単身赴任で町に暮らす人びとともいつしか顔見知りになった。彼らはおなじ境遇の仲間と働き、職員寮で暮らし、週末には故郷の家族の許に帰って英気を養い、月曜の朝に木曾に戻って来た。県内各地を歩いている彼らは、新しい町での暮らし方や楽しみ方の達人であり、スマートに木曾で暮らしているようにわたしには見えた。ひとりパラシュートで知らない町に降り立ち、てこずるわたしとは大ちがいだった。そして、わたしにはなかなか東京に帰る余裕がない。なにかを得ることは、なにかを捨てることでもある。

都会から来て木曾に住む先輩は「木曾の町の隅っこで、遠慮がちにひっそり暮らさせてもらうつもりで生きている」という。わたしはといえば、そんなことは考えたこともないのだった。しかし、先輩はわたしのような生き方もありだ、ともいってくれた。とはいえ新しい土地で、深く悩みを抱え込んでもいるわたしに、先輩は「小さな町では、いつまでもわだかまりをもっては生きてはいけない」といった。先輩に諭され、わたしは親にお灸をすえられた子どものような気持ちになった。

なにかにこだわることは、わたしの性分である。だからこそ、いまも木曾に暮らす。しかし、この土地で暮らすにはこだわりをもっていては難しい。「郷に入ったら郷に従え」、そのとおりだ。人は「上手くやれ」とわたしにいう。表面は上手く取り繕ろえということだろうが、それはわたしの心情が許さない。答えの見つからない堂々巡りが、今宵も始まる。

＊

町の人に「地元出身ではなくとも、木曾に住み着いた人はもはや『旅の人』ではないでしょう？」と尋ねると、『『旅の人』は、いつまで経っても『旅の人』』といわれ、なんとも悄気てしまった。よそものはいつまで経ってもよそもの、受け入れられないのか……。かつての宿場町では、短期滞在の「客人」には寛大でも、住み着こうとする「よそもの」にはまたちがった思いがあるのかもしれないと、県内各地を歩いて来た人はいった。深く考え込んだ末、わたしは心に決めた。

わたしは木曾では「旅の人」。この土地に何年暮らしても「旅の人」ならば、木曾の流儀を知り、人びとの思いを深く汲み取りながらも、わたしはわたしらしく、風のようにいつもこの町を爽やかに駈け抜けていよう。町の人に「新しい風が吹いてきた」といわれたら、素直に喜べばいい。そして、わたしはいつの日か、町の人が心のどこかで「旅」から吹いて来た風を、苦笑しながらも、懐かしく思い出してくれるような「旅の人」でありたいと希う。

人びとの「よそもの」に対する思いを察すれば、「旅の人」を心から受け入れてくれている師匠村地忠太郎の凄さをいまさらのように思う。この町生え抜きの高齢の師であれば、心の抵抗はことのほか大きかったにちがいない。しかし、わたしが「旅の人」であることも意に介さず、日々自らの仕事場にわたしを招き入れてくれている。

師匠、多くの木曾町の人びと、木のしごとにたずさわる郡内の心篤い人びと、先輩、家庭を離れ県内外や遠く外国から木曾にやって来てともにこの地に住む人びとに、大きく支えられながら、わたしの木曾ひとり暮らしはつづく。

小舟が大海に漕ぎ出すのに、羅針盤も持たず、星の動きも櫓《ろ》の漕ぎ方も知らない。ただただ海を渡りたい一心なのだ。不安な夜に天を見上げれば、星が瞬き、行き先を示し、ひとつが姿を消せばまた次の星が現われ、方角を教えてくれる。海が荒れて、もうこれまでと観念し舟に体を横たえていると、いつしか不思議と海は凪ぐ。舟を渡る柔らかい風に目を覚まされ、身を起こす。

心の旅

かつて「東西の文化の交差点」であった木曾は、いまでは鉄道の通過点となった。そんな時代の移り変わりとはかかわりなく、昔もいまも木曾谷に生きる人びとがあり、出会いや別れが、日々、ゆったりした時の流れのなかで静かに繰り返される。

＊

「行き合う」。

『広辞苑』には、「いきあう」と「ゆきあう」がある。「いきあう」は『ゆきあう』とおなじ」とあり、「ゆきあう」は、「進んで行って出会う。でくわす」とある。

『日葡辞書』には、「いきあう」と「ゆきあう」があり、それぞれ別の意味が記載されている。「いきあう」は「道で人と出会う」、「ゆきあう」は「行って出会う」。

木曾で人びとは、「行き合う」を「いきあう」という。そして、この地の「いきあう」は、『日葡辞書』にあるとおり、たまたま「道で出会う」ことであり、「進んで行って出会う」ことではない。

四百年前に編纂された『日葡辞書』を繙《ひもと》けば、いまも木曾に我が国の古《いにしえ》のことばが息づくことを知る。そして、それはことばだけに留まらず、木曾には我が国の古の置き土産が転がっていることも教えてくれる。

心して木曾に暮らせば、この地のことばが古の道を辿る良き道しるべとなることに、ある日、わたしは気づいた。

『邦訳日葡辞書』（土井忠生・森田武・長南実編訳、岩波書店、一九八〇年）。

わたしが「ヘギ」を英語でなんというのかと尋ねたときに、友人の翻訳家岩崎久美子は、まずは日本語で調べることを勧めてくれた。岩崎が「『日葡辞書』にはね……」というのを聞いて、わたしは初めてその辞書の存在を知った。

『日葡辞書』は、一六〇三〜四年に、イエズス会の宣教師によって長崎で発行された辞書である。辞書は当時の日本語を豊富に収録し、ポルトガル語で詳しい説明を加えている。京都語を標準語とし、近畿以西から九州にかけての日常の話しことばを中心に、広範な分野にわたって各層のことばを採り上げている。これは、四百年前の我が国で、その時代を生きた人びとの話しことばを凍結保存しているような辞書だ。この辞書でことばを調べれば、当時の生活風俗までも知ることができる。分厚い辞書の上にかがみ込んで、ひとつひとつのことばを目で追えば、興味は尽きず、時間を忘れる。

いま都会ではほとんど耳にすることのない、木曾の人びとや村地忠太郎の話すことばの意味を知りたいときに、わたしは浮き立つ思いで『日葡辞書』のページを繰る。そこには、ことばの意味だけでなく、木曾の人びとの心を解く鍵も隠されていることがある。

探していたことばを辞書のなかに見つけるとき、わたしは目の前にいる村地忠太郎が、ことばとおなじだけの長い時を生き、その心に四百年の年月を内包しているように感じる。


村地忠太郎の語ることばは、生え抜きの人の耳元は風のように軽やかに通り過ぎる。しかし、「旅の人」のわたしの耳には、ひとつひとつ「聞きなれない」ことばとして、つと立ち止まり、そのたびにわたしは話を遮ってはその意味を確かめる。

町の人にとってはちょっと厄介な「旅の人」も、厄介であるからこそ、長い時の流れのなかを生き残る、人びとが遠い昔に忘れ去ったことばや文化を聞き取ることができるかもしれない……。

＊

「いきあう」は、木曾の人びとの日常の会話に頻繁に登場する。師匠に「わざわざでなくともよい。今度、誰それにいきおうたら、いうてくれ」と頼まれることがある。東京から来たわたしは、不思議な思いで聞く。「いつ出会うかわからないのを待つのではなく、自分で出かけて行けば早いのに」と考えるのである。

しかし、木曾ではわざわざものをいうことと、道でいきあったからこそ話をすることでは、まったく意味がちがう。話を受け取る方は、わざわざいわれれば面白くないことだって、たまたまいきあったからこそいわれたことならば、角が立たぬ気配だ。小さな町ではどんな些細な揉めごとも起こさぬよう、皆が細心の注意を払って暮らしているから、偶然「いきあう」機会を生かすことは、人と上手く暮らしていくうえで、とても大切なことなのだ。いってみれば、小さな町では、「偶然、出会うこと」は、「たまたま出会う」のではなく「会うべくして会う」、まさに「偶然」を装った「必然」として、会いたい人に町角で出会うことになる。

わざわざ物をいうことは角が立ち、それはことを上手く運ぶことを最初から諦めるに等しいとわたしが知るようになるのは、木曾に暮らして一年以上が経ってのちのことである。

＊

「性格がこれだけちがうのに、上手くいくんだなぁ」と師とわたしをよく知る役場の若い職員は、不思議そうにいう。まったく、そのとおりだ。万事控えめで慎ましく品の良い師匠と、都会育ちの破天荒なわたし。

わたしが初めて丸太買いしたヒノキは樹齢は高いが、腐れが丸太全体に点々と入った、材木屋は目もくれない、チップにでもするしかない材であった。多くの材木屋は「いくら安くても、買うのは止めておけ」とわたしに忠告してくれた。それでも、わたしは諦めきれず、割れるかどうかを師にわざわざ土場に見に来てもらい、買った。実際、その丸太は粘りはないが、腐れた部分を丁寧に取り除けば、つかってつかえない材でもなかった。

いつか客が中畑の仕事場を訪ねて来て、わたしの買った丸太の話になったときのことだ。師はイタズラっぽい顔をして、「買った人と、実に良く似た材でなぁ」というではないか！「買った人」とは、もちろんわたしのことだ。腐れの入り方も珍しい、ほかの人にとっては、箸にも棒にもかからぬ材……。その当意即妙の物言いに、いわれた当の本人のわたしも思わず手を打ち、笑い転げてしまった。

師匠の手許にある材は、何十年も前に仕入れたすばらしいものだが、なかには素性の良いものも悪いものもある。しかし、師は材の素性を見抜き、それぞれに合ったやり方で、材を割り、活かしてやる。わたしはいってみれば、素性の悪いぐれた材なのだけれど、師のお陰で、チップになる寸前に拾われた格好だ。だから、村地忠太郎はわたしにとって、一生にひとり出会えたかどうかの有難い師匠なのである。

多くの人が不思議がる、性格がまったく異なる師弟が上手くやっていかれているのは、ひとえに師が忍耐強いからである。そのうえ、村地忠太郎にはどんなに素性の悪い材でも扱える自信があるし、さらには、ぐれた材を扱うことすら楽しんでしまう術を知っているからだ。

性格や生まれ育った土地やことばなど、遙か時空を越えて師弟が「行き合えた」不思議。

師匠と訪ねた南木曾の轆轤の木地屋の家で、わたしは師との出会いのきっかけを夫人に問われるままに、「奈良井の小島さんが、木曾でいちばん腕の良い木地屋は村地忠太郎だと教えてくれたから」と答えた。すぐ横で師は笑い声を上げながら、「小島さんが余計なことをいうから……。災難に遭ったようなものですよぉ！」という。「すみませんねぇ」とわたしも笑う。

村地忠太郎とわたしは、木曾川のほとりで「いきあい」、「ゆきあった」。

師はたまたま災難に遭ったようにわたしに出くわし、わたしは進んで師に会いに来た。谷底の町で、それでも日々穏やかに師弟の時が流れゆく。

＊

悠々閑々。村地忠太郎の心の旅は、木曾の自然とともにある。


永久《とわ》の別れ。

仲間の死と向き合うとき、師は心のなかで仲間を忍び、送る。親しい人が亡くなったと聞けば、当然、驚き残念がる。しかし、その後、嘆きつづけることをしない。まるで、自然の懐に、そっと友の魂を置くような静かさである。たとえどこかで人知れず命果つるものがあっても、春夏秋冬、かわらず岩にぶつかり飛沫を上げながら、勢いよく流れつづける木曾川のようだ。

師も生きているからには、つらいことがないわけではない。忘れてしまうのでもない。すーっと川の流れに放つように、心にかかることがらをついっと上手く外していく。

師にとって「死」はひとつの通過点にすぎず、この世を去った魂は、いつまでも師の心と木曾の自然のなかに生きつづけるのだろう。人の死に際したときの、驚くほど淡白な師の反応は、大自然の只中を生きてきた人の生と死の受け止め方なのだ、とわたしは思う。そして、村地忠太郎は人が亡くなったのちにこそ、その魂を懇におとなう。

木曾川の流れ

わたしの育った東京の家には、仏壇はおろか、宗教的なものはなにひとつなかった。「人間は死んでしまえばそれで終わり」と家族の誰もが思っていたのではないか。
師匠の許に来た当初、仏壇の前で師が頭を垂れるその後ろで、わたしはどうしたらよいかわからず、ただぼーっと座っていた。多くの時間をともに過ごし、村地忠太郎にとっての祈りの重さを知るようになったある日、わたしは非礼を詫びたのだ。

それでも、身についていないとはこういうことだと思い知るときがくる。

ある日、八沢に住む人の家に古い漆器があるから見に来てくれないかと連絡があった。駈けつけると、その家の座敷に、古い「木曾漆器」や輪島の漆器がたくさん並んでいた。わたしはすぐに師匠に見に来てくれるように伝えた。

師は急いで来てくれた。しかし、初めて訪れたその家の玄関から、漆器の置いてあるところへは足を向けず、真っ直ぐにその家の仏壇の前に進み、いつものように深く頭を垂れて手を合わせた。その後、ようやく漆器の並ぶところに向かった。きちんと膝をそろえてツクバッテ（「正座して」の意）、「これは、すごいものですねぇ」とその家の主人にいった。

この家のご先祖様が手に入れた漆器は、まずは仏壇のご先祖様に挨拶をしてから見せていただくのでなくてはならなかった。見たかった漆器に突進したわたしの付焼刃は、すぐに剝がれてしまうのだった。


村地忠太郎のごく自然な立居振舞を通して、わたしは多くを学ぶ。それは、木曾の自然のくれた、ため息がでるほど長い年月を生きた樹木を手にする者が、持ち合わせていなくてはならない大切な心構えだ。木曾に来ることなく、また、師と行き合うことがなかったら、人は自然の懐で生きているほんのちっぽけなものにすぎないことすら思い及ばず、高慢であることにもついぞ気づかず、わたしは都会のなかで一生を終えただろう。

崖っぷちの木地屋

村地忠太郎は一九一七年三月三十日、木曾町八沢に四代つづく木地屋の、五人兄弟の末っ子として生まれた。上ふたりの兄姉は、忠太郎が生まれる前に亡くなり、四十歳になるまでともにしごとをした兄もいまはない。忠太郎が「あんね」と慕う六歳年長の姉が、九十七歳を迎えた現在も、穂高で元気に暮らしている。

木曾福島に生まれ育ち、今日までしごとをして来た村地忠太郎は、高等小学校を卒業した十四歳のときに、父や二十歳年上の兄とともに、生家の木地屋のしごとに就いた。二十九歳になった忠太郎は、第二次世界大戦が終わるまでの二年間、徴兵のため茨城県・百里ヶ原海軍航空隊にいた。兵隊から戻り、結婚。本家を出て、おなじ八沢に所帯をもった。翌年、娘が生まれた。四十歳のとき、子どものなかった叔父の家に入ったが、叔父はじきに亡くなった。忠太郎はひとりでしごとを始めた。いまから、五十年ほど前のことである。

その家こそ、いまも村地忠太郎が仕事場とする、木曾町中畑の崖っぷちの家である。

*

二〇〇八年、春。

村地忠太郎は職人生活七十七年目を迎えた。困難な時代を乗り越え、戦前戦後をとおして、木地屋をその生業《なりわい》としてしごとをつづけてきたのは、木曾福島では村地忠太郎ただひとりである。

「町なかで川と川が合流するのは珍しいよぉ」と師はいう。滔々と流れる木曾川に、ほぼ直角に流れ込む八沢川の、その合流点の川端に仕事場はある。晴れた日には、八沢川の流れの源を辿るその先に、木曾駒ヶ岳を望むことができる。亡くなった妻が花好きだったその家には、川に面した窓辺に、妻を偲ぶように幾つもの花の鉢が並ぶ。川の対岸から飛んでくるのか、家の表の道路側から裏の川の上にまわり込むのか、ときに窓辺の花に蝶が舞う。仕事場で師匠が手を動かすその背景に、いつも川の音が通奏低音のように流れる。木曾川の川音は、そのときどきのこちらの心持ちに合わせて、心鎮ませ、心浮き立たせてくれる。

村地忠太郎のしごとは、日々の天候がその進捗に大きく関わるので、仕事場の朝は、その日の天候の移ろいを占う会話で始まる。川の音を聴き、水量を眺めては、前日の天気を振り返る。そして、川に向かって大きく切り取られた窓から望む空や川原を矯《ため》つ眇《すが》めつ眺めては、その日のしごとの段取りを決める。空の明るさ、雲の様子、雨の降り方、川原の乾き具合などを見る。

ヘギや曲物のしごとは、その日、太陽がどれだけ顔を出してくれるかにかかっている。木地屋がいくら根を詰めてしごとを急《せ》いても、そればかりはどうにもならない。川端の、日当たりの良い家は、夏、道路とおなじ高さにある座敷は暑くとも、下屋にある川に近い仕事場は、川面を吹き抜ける風のおかげで、心地好い涼しさだ。そして、冬の仕事場はおそろしく寒い。寒暖はともかく、「ヘギ板」や曲物をつくるには、日に干す作業がことのほか大切な木地屋にとって、遮るもののない、川の上の太陽を思いのたけ浴びることのできる木曾川の川端の仕事場は、ほかに代え難い。

太陽が燦々《さんさん》と照りつける川原に、木地屋自身によってつくられたハシゴをふたつ伝《つた》って降りる。師によってにその素性を見抜かれ、材が割れたがっているように割ってもらった、サワラの「ヘギ板」は、数週間をかけて、川面を渡る風と太陽を浴びながら、乾く。多くの「ヘギ板」を干した時期には、川原の水際にネットを張って、「ヘギ板」が風に舞い、木曾川に飛んでいってしまうのを防いだという。

川端の木地屋村地忠太郎は、木曾の太陽と風と川に恵まれ、数百年の樹齢を刻んできた木曾ヒノキやサワラを愛《いと》しみながら、一世紀近くをここ木曾福島で生きてきた。

木曾川と八沢川の合流点。背景の山のその向こうに駒ヶ岳連峰がある

『日本漆工の研究』（沢口悟一著、丸善、一九三三年〔沢口滋改訂、美術出版社、一九六六年〕）には、木曾福島の漆器について、次のような記述がある。

木曾福島の漆器は木曾春慶で、素地はヒノキを専用し、殊に割材をそのまま使用して批目《へぎめ》春慶塗としたる点に特色があり茶人向である。曲物には面桶《めんつう》、七ツ入、盆等の実用向赤春慶塗で批目は黄春慶塗りである。

＊

春慶塗は、黄や紅に着色した木地に、透明な漆を上塗りして、漆を透して木地を見せる塗りである。塗り上がった春慶塗の器は、透明な漆の下に、みごとな木目と木地屋の腕が透けて見える。日本各地には、ほかに飛騨、能代、粟野、吉野、日光などの春慶塗がある。

木曾町八沢で、かつてつくられていたのは「木曾春慶」である。

伊那から仕事場を訪ねてくれた客が師匠に、「このところ、『木曾春慶』とか『八澤春慶』などとこの地の『春慶塗』はいわれるが、実のところ、かつてはなんといったのか」と問うた。村地忠太郎は、『春慶』といえば、『木曾』だの『八澤』だのつけなくとも、それはここ木曾福島の『春慶塗』のことだったのです」と一言のもとにいい切った。

かつて木曽福島でつくられた「春慶塗」を、誇り高く「木曽春慶」とよびたい。

毎年七月に、木曽福島の水無《すいむ》神社の例大祭「神輿まくり」が催される。祭には、戦国時代に飛驒・一ノ宮の水無《みなし》神社の近くで戦乱が起こり、戦火に巻き込まれそうになったため、木曽福島の杣《そま》人の惣助と幸助が、遷座しようと神輿を急造して、木曽に向かったというといういわれがある。

飛驒とは、昔から関係の深い木曽なのである。

「木曽春慶」も、また、「飛驒春慶」の流れを汲む。

＊

村地忠太郎のしごとが貴重なのは、木地屋として、「木曽漆器」のなかでも、特に明治の中頃に始まり、昭和中頃に絶えてしまった「ヘギ目」の「木曽春慶」の木地をいまも伝えていることだ。

「ヘギ目」。その美しくも、堅牢な目。

機械や鋸で木を挽くのではなく、「木を割り」、「木をへぐ」から、木の目は切れることがない。上から下まで貫くように目が徹っているので、「ヘギ板」は薄くとも丈夫だ。そして、「ヘギ板」でつくった器は驚くほど軽くて、品が良い。

樹齢二百年を超える木曽ヒノキやサワラの「ヘギ目」を、村地忠太郎は「目が混んどる」という。

縦に〇・五ミリ間隔の、ほぼ平行に走る詰んだ柾目のことを師匠はいっている。「ヘギ目」は先を尖らせた鉛筆を手に、フリーハンドで描いたような仄かな揺れのある柔らかな線が、年輪の数だけ平行に並んでいて、それは美しいものである。

目の詰んだ、素性の良い、樹齢三百年ほどのサワラの「ヘギ目」

＊

「ヘギ目」に美を認め、「ヘギ板」の「ヘギ目」を削らずに、そのまま木地につかい始めたのはそう古いことではない。美しいものがいくらでも身近にあると、人はなかなかその価値に気づかぬことがある。「ヘギ目」の器が木曾福島でつくられるようになるのは、明治中頃になってからである。

それまで、地元では「ヘギ目」を細工につかうことはなかった。当時、漆器の木地には、「ヘギ板」をそのままつかうのではなく、「ヘギ目」にわざわざ鉋をかけ、平らな板にしてつかっていたのだ。江戸から明治初期にかけて町でつくられた古いメンパ（木を曲げてつくった弁当箱）を見ると、そのことがよくわかる。「木を割り、削ってつかうこと」は、古来、我が国で行なわれていた板の取り方でもある。美しい「ヘギ目」があまりに豊かに身近にあったがゆえに、地元ではその美しさに気づかず、加工されずにそのまま利用されることは、それまではなかった。

村地忠太郎によると、明治中頃に、木曾福島から「木曾漆器」を、東京の問屋に薦《こも》包みにして送る際に、破損を防ぐため、荷物の角に「ヘギ板」をかませた。「ヘギ板」の「ヘギ目」を見た東京の問屋が、その美しさに気づき、「ヘギ目」を活かすことを木曾福島の塗師屋に勧めた。この「旅」からの指摘は、その後、木曾福島の漆器づくりにどれほど多くをもたらしたことか。

師匠がため息混じりにいう。「ほんとうに良いものは、いつも地元ではわからない。なんでも外の人が教えてくれるんだでな」。

東京の問屋の話を聞いた、当時の塗師屋「よし彦」店主は、「ヘギ目」を活かし「春慶塗」をほどこした器をつくった。これが、木曾福島の「ヘギ目春慶塗」のはじまりといわれる。いまから百十年ほど前のことである。

村地忠太郎は、「よし彦」の職人であったから、かつてのこの店の事情に詳しい。「よし彦」は、京都の老舗の漆器店「象彦」に漆器を卸していた。「象彦」に品質の良い「木曾春慶」を求められ、木曾福島の木地屋も塗師屋も高い技術を身に付けようと、日々精進したのだと師は話す。

村地忠太郎は十代の半ばから木地屋として木曾福島でしごとを始め、この町で「木曾春慶」の漆器づくりが行なわれていた最後の三十年間に、腕を振るったこととなる。このことは、いまも村地忠太郎に「木曾春慶」の木地をつくる職人としての矜持《きょうじ》を保たせ、自信につながる。

五十余年前に木曾福島で漆器産業が衰退した後は、平沢や注文のあったどこの塗師屋からのしごとも引き受け、それぞれの要望に応じた木地をつくる。

＊

村地忠太郎は、座敷の自分の座る座椅子の後ろに、いつも風呂敷包みをひとつ置いている。門外不出の宝物だ。なかには、かつての八沢の木地屋や父親、若かった師も手伝ってつくった木地に、この町で塗られた「木曾春慶」の器が五つ包まれる。黄春慶の硯入れ、抽斗《ひきだし》、皿、小箱、そして、「ヘギ目」の重箱。つくられてから長い年月が経ってはいるが、そこにはたしかな木地屋の腕と、美しい木目や「ヘギ目」を隠さず、むしろ精一杯活かすように塗られた「木曾春慶」がある。蒔絵や沈金《ちんきん》といった加飾の要素はない。かつて八沢の塗師屋が一生懸命に工夫した、質素だが、それだけで見る人の目を喜ばせる木曾ヒノキの木目や「ヘギ目」をより美しく見せる塗りがそこにはあるのだ。ちなみに、「ヘギ目春慶塗」の重箱は、いまから百年ほど前に、師の父村地安太郎が木地をつくり、「よし彦」で黄春慶に塗られたものである。

師が大切にする五つの漆器を手に取るとき、明治・大正・昭和の木曾福島に生きた、腕の良い木地屋と塗師屋が、時代を超えて多くを語りかけてくる。そして、多くの職人が艱難辛苦《かんなんしんく》をともにしながら、工夫や失敗を繰り返し、いかに満足のいく漆器をつくろうかと試行錯誤した時間の重さを感じるのだ。

村地忠太郎は「『春慶』は木地屋と塗師屋が一体となって初めてできあがる。木地屋と塗師屋の真剣勝負だった」と繰り返しいうのだ。木地屋は神経を張り詰めて木地を仕上げ、できあがった木地を塗師屋に渡し、塗師屋は木地に負けない塗りをして、漆器を完成させた。最盛期の「木曾春慶」の器は、黄や紅の抑えた色艶がなんとも美しく、品が良い。そして、器を手に取ると、百年の年月を越えて、木地屋と塗師屋の張り詰めた息遣いをも感じ取ることができる。

師の宝物。総ヒノキ・ヘギ、胴張り・角丸の「一
個重」。父の木地。塗はこの町の誇る「黄春慶」

「木曾春慶」。それは、六十年ばかりの間に、木曾に咲く桜のように楚々と花開き、時代の流れに押し流されるように、人知れず散っていった。木曾谷の町に咲いた美しくも儚い物語である。

その後の五十年余の年月を、村地忠太郎は木曾川のほとりで、戦前戦後の時代の波をくぐりぬけ、この町の「木曾漆器」の木地屋として、その残り火をようやくそのふたつの手で包み込むようにしながら守っていてくれた。いつの日か、木曾の森の「ヘギ目」の木地が、艶のひけた黄や紅の、品のあるかつての「木曾春慶」の装いのまま、木曾福島の町に戻ることを祈りな

サワラのヘギ目の行灯

がら。

*

二〇〇八年五月。

村地忠太郎とわたしは、かねてから訪ねたかった岐阜県高山市の「飛驒高山春慶会館」を訪れた。

早朝、木曾福島を出発し、開田高原経由、高山へ向かった。

この日は快晴で、途中の地蔵峠からは、青い空に屹立するみごとな御嶽山を見ることができた。村地忠太郎が日ごろつかう木曾ヒノキは、五十年前にこの御嶽山の麓の王滝村から、木曾福島に下りてきたものだ。師のつくる「サワラのヘギ目の行灯《あんどん》」の透かしは、御嶽山の雪を頂いた神々しい姿である。

二時間半ほどの道程で「飛驒高山春慶会館」に到着した。

入館するとすぐに「飛驒春慶」についてのアナウンスが流れる。

「春慶塗は、技を競い合った木地師と塗師の〝二者一体〟の共同芸術……」。

師は我が意を得たりといわんばかりの顔をして大きな声で「ほらな！　いまいっただろう、『春慶は木地屋と塗師屋のふたつが一体となって…』となー！」とわたしの顔を正面から見つめていうのだった。春慶塗の木地をつくりつづけてきた誇り高い木地屋の姿が、目の前にあった。

常日ごろから「『木曾春慶』は飛騨から来た」と話す師は、かつての「木曾春慶」の面影を、展示された古い「飛騨春慶」に重ねて、じつに感慨深げであった。「あれだよぉ」と、黄や紅に塗られた古い高山の春慶塗を指差しながら、村地忠太郎はいった。

かつて木曾福島で塗られていた「木曾春慶」は、古い時代の「飛騨春慶」とおなじ……。村地忠太郎は、いまも「木曾漆器」の木地をつくる現役の職人として、戦前戦後を通じて唯一人町にあり、「木曾漆器」を知る生き証人だ。この日、その人が飛騨高山で、古の「飛騨春慶」の前に立った意味は、計りしれないほど重い。

村地忠太郎は、子どものころから「漆器の町」の職人のしごとを誇りに思い、自らも長年木地づくりにたずさわり、「木曾春慶」の往時の姿を蘇らせたいと願う。この日、かつての「木曾春慶」の姿をしかとその目と心に焼き付けた村地忠太郎の胸に去来する想いを、わたしはふたつの手に余るほどに受け止める。

「木曾漆器」発祥の地にて

「木曾漆器」発祥の地は、木曾町八沢である。

「八沢しごと」といえば、この町の木地屋と塗師屋の、誇り高い漆器のしごとのことである。

『西筑摩郡誌』によると、かつて富田町（現・木曾町八沢）にあった龍源寺に、「応永元年（あるいは四年）正月、塗師加藤喜左衛門献納」と書かれた経筥《きょうばこ》があったとされる。よって、これより以前から、八沢では「木曾漆器」がつくられていたものと考えられるのだ。いまから六百年以上昔のことである（応永元年は一三九四年）。ちなみに、龍源寺はのちに長福寺に合併された。師は以前、長福寺に経筥についても聞いてみたが、出会えなかったという。


かつて木曾福島には、「塗師屋の親方」とよばれる経営者の営む「塗師屋」が何軒かあった。「よし彦」、「海老屋」、「桑名屋」のほか数軒である。「塗師屋」のなかには、この地を訪れる御嶽教の信者や、観光客向けの店商いをしているところもあったが、店商いはせずに、遠く京都や大阪、群馬などへ、漆器をつくっては卸しているだけのところもあった。「塗師屋」とは、漆器製造販売する店のことであり、また、いまも昔も漆を塗る職人のことでもある。

「塗師屋の親方」は、店に二十人ほどの塗師屋を雇っていた。木地屋は、特定の「塗師屋の親方」のしごとを請け負い、木地の材料となる木を「親方」から提供され、自らの仕事場で木地をつくる、いわば外注請負であった。木地屋のつくった木地に、店に勤める塗師屋が漆を塗った。「塗師屋の親方」は、漆器づくりのプロデューサー役を務め、できあがった漆器を日本各地に営業販売した。「親方」は店の経営に専念し、職人の仕事場には入らなかった。しごとは木地屋と塗師屋が話し合って進めたことを、師匠はいまも懐しがる。

「当時、木地屋と塗師屋には収入の格差はあったのか」のわたしの問いに、「あえて、互いの賃金を話し合ったことはないが、暮らし向きは木地屋も塗師屋もかわりはなかった」と師は答えた。

現在、木曾福島に残る漆器店は「よし彦」と「海老屋」である。この二店は、師匠の仕事場から木曾川に架かる行人橋を渡ってすぐのところにある。わたしは、ときどきふたつの店に立ち寄っては、飾られている漆器を見せてもらい、ときに話し込む。

＊

「桑名屋」は、昔とおなじ店の名で、現在は手芸材料店を営んでいる。ある日、わたしは店に道具をつくる材料を買いに行き、手芸材料が「ヘギ目」の朱の盆に置かれているのに気づいた。わたしは買物をすっかり忘れ、店を取り仕切る原實子《じつこ》と、盆についてひとしきり話をした。このことがきっかけとなり、かつて塗師屋だった主の原政利にも話を聞かせてもらうようになる。ちなみに、師も、わたしの住まいと庭を接する安井美恵子も「昔はお盆のことを『おへぎ』とよんだ」と教えてくれる。美恵子が嫁いだこの家では、いまでもかつての「木曾漆器」をふだんづかいにしている。

五十年ほど前まで、「桑名屋」は「塗師屋の親方」として、店に二十人以上の塗師屋を抱え、四、五人の木地屋を擁し、漆器製造販売をしていた。大阪、群馬や遠く四国や九州に向けて漆器を卸し、また、手広く店商いをしていた。

夫妻から見せてもらった古いセピア色の写真には、「塗師屋」だった「桑名屋」の、当時の店構えが写る。そのその写真からは、当時の町や店の躍動感が伝わる。勢いの感じられる店先には、多くの漆器が並び、御嶽教の信者たちの姿がみえる。当時は、信者は木曾福島を拠点に、歩いて御嶽山に向かった。写真に写る「桑名屋」の店には、「マネキ」ともよばれる、各地からやって来た信者の目印になる「ハタ」が数多く飾られる。

村地忠太郎にこの写真を見せたらどんなに懐かしがるだろうと、「桑名屋」の許しを得て、わたしは二枚の写真を手に、師の許に急いだ。「桑名屋」は「海老屋」の道路を挟んだ向かいに建ち、中畑の仕事場とは歩いて数分の距離である。

「おぅ、こんな写真が残っとったかぁ」と師匠は懐かしそうに写真をのぞきこむ。一枚の写真を見終わって、二枚目の写真にうつる。わたしは師にいわれて、写真の端に写る看板の影に、自転車のハンドルを握って立つ少年がいるのに気づいた。それも、端っこに小さく写るだけで、顔だって看板の影になっていて見えない。

師匠は、自転車の前に立つ顔の見えない少年を指差して、「オラだ」といった。

わたしは驚いて「どうして自分だとわかるのですか」と問うと、「着物に覚えがある」と師匠はいう。それは井桁の絣の着物だった。「ほんとうに?」、わたしはにわかには信じられぬ思いで、写真にじっと見入る。

目を何度もこすりながら、食い入るように写真を見つめると、杳《よう》として顔は見えないが、師が「オラだ」という、写真に写る一九三〇年頃の「桑名屋」の前に立つ男の子が、たしかに村地忠太郎少年に間違いがないようにわたしには思えてくるのだった。いったんそう思うと、八十年前の人びとのざわめきや、店や道から立ち上る匂いまで感じられるような気がした。

わたしは、自転車のハンドルを握って立つ村地少年に話しかけていた。

町の様子はどうですか。

数年前に、町に大火があったそうですね。怖かったでしょう。小学校も燃えてしまって、小学生は、半年間、いまの山林高校に間借りして授業を受けたそうですね。遠い学校まで、毎日通うのはたいへんだったでしょう。

今日は、学校は休みですか。家では、父さんも兄さんも、忙しく木地をつくっていますか。囲炉裏のまわりで、母さんたちも、カンバ綴じをしていますか。

漆器組合で、皆が共同でつくっている柿渋の今年の出来はどんなですか。

塗師屋さんたちは、いま、なにを塗っていますか。

木地をつくる木曾ヒノキやサワラの榑を、山から背負って下ろしてくる女衆や馬は、今日も町にやって来ていますか。木を割る音は、町に響いていますか。

今年も友だちと、木曾川で泳いだり、魚を取ったりしていますか。

町には、遠い町からやってきた『旅の人』がいっぱい歩いていますか……

幻の村地少年に、心のなかで問いかけていると、わたしはなぜか胸がいっぱいになった。セピア色の写真は、遠い昔をあまりに雄弁に語りかけてくれる。いま、村地忠太郎の目の前で、その少年だった日を心に描いていると、「今日までの長い道程を、よくがんばって歩んでこられたなぁ」との感慨に強く囚われた。わたしが目を潤ませていると、師はきょとんとした顔でわたしを見た。

昭和初年の「桑名屋」前で写真に納まる白装束の御嶽教の信者。右端の看板の後ろに絣の着物の少年がいる（提供：桑名屋）

後に、實子は「村地さんは自分で洗っては着た着物の絣の柄を覚えていたんだわ、きっと」といった。誰かが織り上げた絣を母が縫い、自分で洗っては干して着たふだんづかいの着物を、八十年前の少年は忘れない……。教えてもらわなければ、考え及ばなかった、師が写真に写る少年を「オラだ」といった訳を、手仕事の温かさとたしかさとともに、實子から教えられた。そして、わたしは胸苦しいほどに心揺さぶられていた。

＊

「桑名屋」の写真に村地少年を見つけてからは、わたしはさらに、少年から青年、そして、軍隊に行き、八沢に戻って結婚、家庭をもった村地忠太郎に会いたくなった。

師匠の手許には、かつての「木曾漆器」が五点しか残っていないので、当時の写真はないのかと思っていたのだが、そうではなかった。

村地忠太郎が大事にしている二冊の写真アルバムには、セピア色の写真が数多く大切に残されている。私立「木曾幼稚園」の第一期生として、着物にエプロンをつけた可愛らしい当時六歳の幼稚園の卒業写真から始まり、それ以降の写真が、黒い台紙の各ページいっぱいに貼られている。

アルバムのページを繰る。

写真のなかに、賢そうな少年の顔がのぞく。少年は高等小学校を卒業するときに、教師から進学を勧められたという。わたしは、九十一歳を過ぎたいまも、温かくて品の良い村地忠太郎の人間性に魅せられるとおなじとき、その頭の回転の早さにいつも舌を巻く。さぞ、学業優秀の少年だったことだろう。

村地忠太郎の通った地元の高等小学校では、良材に恵まれた木曾だけあって、「木工」の授業があり、教室には手道具と糸鋸が備えられていた。「この授業はとても得意だった」と師は嬉しそうにいう。いまも夏になると、客を迎える座敷に、小舟を模したヘギの「団扇《うちわ》立て」が登場する。八十年前の学校の「木工の授業」でつくったものである。それは、お洒落で風流なかたちをしている。当時の「木工」の授業についての記録は、現在、まったく残されていない。村地忠太郎の心と腕には、たしかに八十年前の授業の記憶が刻まれる。

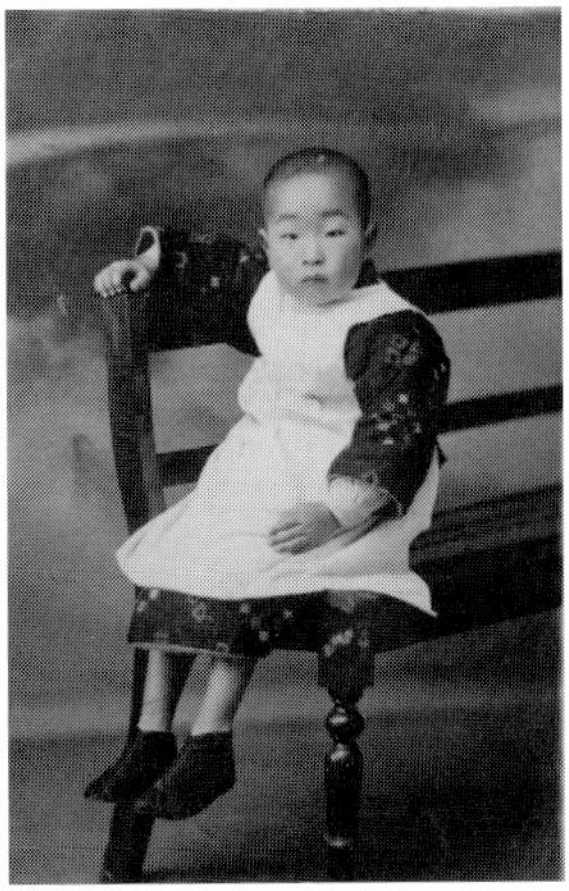

幼稚園卒園のころ

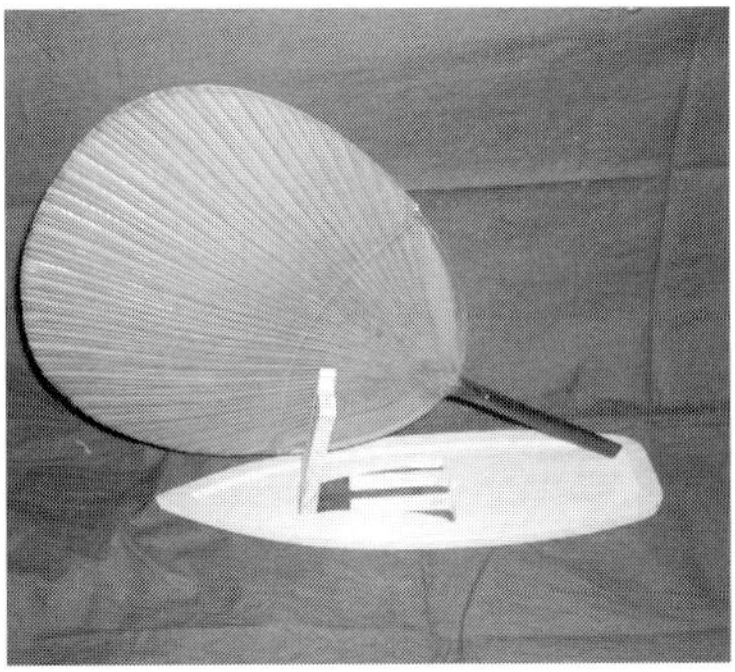

小学校の「木工」の授業でつくった団扇立て。しまうときには一枚の板になるヘギ目の優れもの

上：二十歳のころ
右：結婚 10 年目のころ。手前は妻のかずえ

若い日の、出征の写真、結婚式の記念写真や娘が生まれたあとの写真もある。

ちなみに、中畑の仕事場に、細々したしごとでつかう道具をのせた、梅の花の形をした古い皿がある。それはなにかと訊いたら、自分たちの結婚式の引き出物として自らつくったものだという。梅の五弁の花びらの丸みが、結婚の喜びと新妻への優しさを、六十余年経たいまも留める。

漆器の町で、木地屋の家に生まれ、自らもまた木地屋を生業とすることができたことに感謝しながら、村地忠太郎は一世紀近くこの地に暮らしてきた。木のしごとが好きであったし、当時、よその家に丁稚として入る同級生が多いなかで、自分の家でしごとが覚えられることは幸せなことだったと話す。

折々の写真に残る若き日の村地忠太郎青年のしなやかな体つきと、眼鏡をかけた穏やかで理知的な面差しはいまとかわらない。九十年を越える年月の間には、順風満帆な日ばかりではなかったろうに、村地忠太郎は昔もいまとかわらぬ姿で写真に納まる。己が信じる道を歩み、踏み外さぬよう身を正す。いつも周りを気遣い、木曾川の川端の風景に溶け込むように静かに暮らす。

アルバムには、家族や親戚の写真も多く残る。村地忠太郎にはいつも温かな家庭の匂いがする。生まれ育った家や、現在ともに暮らす娘一家との日々。そして、仏壇を拝む姿が物語る先祖たちとの心の行き来。いつもそのうしろには、家族や親戚、先祖がいる。アルバムに写る多くはすでに鬼籍に入った人たちだが、今日もきっと静かに師を見守りつづけている。

村地忠太郎は実直な職人であり、家庭人である、とアルバムを見ながらわたしはつくづく思う。

二〇〇八年、夏。

わたしは思わぬ場面に遭遇した。

午前のしごとが終わり、いったん帰宅した午後、わたしは用事を思い出し、中畑の仕事場へ急いだ。「先生！」といって座敷に飛び込むと、村地忠太郎は机の向こうで俯いてなにかしている。よくよく見ると、胡坐をかいたそのなかに小さな赤ん坊を入れて、哺乳瓶でミルクを飲ませているのだった。つい一ヶ月ほど前に生まれたばかりの、二番目の曾孫の女の子だった。赤ん坊のお母さんである孫は、上の三歳の子どもを外に連れ出すほんの短い間、曾祖父に赤ん坊を預けたのだった。

師は生まれたての赤ん坊に優しく語りかけながら、ミルクを飲ませていた。九十一歳ちがいの曾祖父と曾孫の姿を目にして、わたしの心は痺れ、またしても目が潤みそうになり困った。よほど写真を撮りたいと思ったが、この繊細で温かな空気を壊してしまいそうな気がして、声をかけなかった。いまとなっては、村地忠太郎のアルバムの一ページに加えたい写真ではあった。

ともに時を過ごすとき、折々の師の姿も声も、わたしの心にしかと刻まれていく。多くの示唆に富んだ村地忠太郎が心に残る。

昭和初年には、二百五十人ほどの木地屋と塗師屋が活躍した「八沢しごと」は、時の流れに抗しきれず、一九六〇年ごろには衰退していった。当時、「旅」から町を訪れる人も多くあったために、旅館業や飲食業などへの転業が比較的容易だったことも手伝い、潮が引くように職人たちは廃業していった。

＊

当時の「八沢しごと」の状況を誰よりも知る、村地忠太郎が語る「木曾漆器」の衰えた理由は次のとおりである。「八沢しごと」が衰えた原因の半分以上はここにあると話す。

戦前まで木曾の山は宮内庁帝室林野局管轄の「御料林」であった。

当時、御料林から「ヘギ目細工」に欠かせない榑が、すでに山中で大割りされて、木曾福島の町に下ろされてきた。木地屋が手にしたときには、それは間違いなく「割れる」木曾ヒノキやサワラの榑であった。「有難かったよぉ」と師匠はいう。当時、新開《しんかい》に「庄屋」とよぶ山から榑が集まる場所があり、そこから年に二回ほど農家の農閑期に、主に女衆が背中に重くて長いヒノキやサワラの榑を横にして背中に括りつけ、二時間ほどかけて歩いて町まで運んで来た。当時の写真を見ると、女衆が何人かその姿で石垣に寄りかかり、休んでいる姿が写る。女衆にとっては、どんなにか重く厳しい道程だっただろう。

戦後、山は国有林となり、木曾福島の漆器組合の組合員は、「割れる」、「割れない」の別なく、割り当てで木を買うこととなる。木地屋は、戦前のように「ヘギ目細工」につかえる榑だけを入手できる恩典はなくなったのだ。「割れない」材を割り当てられた木地屋は、丸太を転売するしかなく、ほとほと嫌気がさして、木地屋のしごとを離れた人が多いという。

いまも昔も、「割れる材」がなければ、「ヘギ目細工」の木地屋は、まったくしごとにならない。町から「八沢しごと」が跡形もなくなる一九六二年に、「桑名屋」は店を閉めた。

長い歴史のある「漆器の町」木曾福島は、漆器店を二軒と木地屋をひとり残すだけとなった。

二〇〇八年六月。

かつての「塗師屋の親方」であった「桑名屋」の名を、思わぬところで目にすることになる。

石垣に寄りかかり、休憩する女衆（『ふるさとの想い出 写真集 明治大正昭和⑫ 木曽路』生駒勘七編・国書刊行会より）

かつての「木曾漆器」を探して

ひとつのことを追いかけて歩いても、いつも探しているものが見つかるとは限らない。しかし、「どうしても会いたい」と念じていると、思いがけない人やものと出会えることがある。それは、また、暗闇のなかで仄かにこれからの行く手をも示してくれる。見当ちがいの道かと思いきや、思い切って訪ねてみれば、辿り着いたところに未知の世界がひろがる。

探しものは、「あった」、「なかった」がすべてではない。もしも、誰かが、花だけをもぎ取るようにして、旅人がようやく手にした旅の断片を持ち去っても、それはじきに厭きられて打ち捨てられる。旅の断片は、人びとの篤い思いで切り拓かれた道につなぎ合わされて、初めて命が吹き込まれる。それこそが「旅」の醍醐味である。

探しものに手を貸してくれた多くの人の温かさを身にまとい、「会いたい」と呟きながら、わたしは歩きつづける。ときには寄り道をし、道辺に腰を下ろして空を眺めていたら、ある日、「探しものの旅」は、わたしにとって「生きる」とおなじことになった。

木曾福島・上ノ段「木地の館」にて

木曾町八沢は「木曾漆器」発祥の地である、しかし、現在、町に残るかつての「木曾漆器」は多くない。

木曾福島で漆器づくりが全盛のころ、その多くは日本各地に出荷され、また、町は一九二七年に大火に遭った。「木曾漆器」は高級品もあれば、また、ふだんづかいの器でもあったから、昭和中頃、時代の流れに乗って新しい製品が世に出てくれば、古い漆器は漸次、家々で処分されていった。

年配の女性は「子どものころ、学校に木の弁当箱を持って行ったが、友だちはきれいな絵のついたアルミの弁当箱を持っているのがとても羨ましかった」という。「いまになってみれば、木の弁当箱の方がずっとよかったのに」。わたしはその子の気持ちがよくわかる。

かつて木曾に生まれ暮らしてきた人びとにとっては、木曾ヒノキも「ヘギ目」も、また、「春慶塗」の器も身近にあった。それらはどこの家にもある器であったからこそ、つかわれなくなれば、いつしか消えていった。それは、木曾の人びとが、この地にあっては、名木や優れた技が身近にごく当たり前にある、なんとも心豊かな生活を送っていたことの証左でもある。町に「木曾漆器」や「木曾春慶」があまり残っていないことから、かつての美しい漆器が消えゆかんとしていることに、わたしは「あまりに惜しい！」とつい口走る。なんともお節介な「旅の人」の行状ではある。

二〇〇八年三月。

このままではかつてのこの町でつくられた「木曾漆器」が、近い将来この世からなくなってしまうと危惧したわたしは、「木地の館」に手書きのポスターを貼り出し、町の人びとの家に眠る「木曾漆器」や「木曾春慶」を見せて欲しいとお願いした。

三々五々、町の人の好意で漆器が届けられる。

しかし、集まり具合をみていると、「木地の館」に持ち寄ってもらえる漆器の数には限りがありそうだった。それは予想していたよりも、はるかに少ない数に思えた。

町では、ここ五、六年前をピークに、家の建て替えや家族が亡くなったとき、蔵の整理をする際に、かつての「木曾漆器」を高い料金を払って処分し、また、古物商に売った。

「あんとき、アンタが町におったらなぁ」と人はわたしの顔を見つめながら、残念そうにいってくれる。そういいながらも、わたしの願いを心に留め、それから数ヶ月が経ったあとも、家で古い漆器が見つかるとわたしのところに届けてくれる。町の人びとの息の長い心遣いが嬉しい。ささやかな形で思いを伝え、それに応えてくれる小さな町ならではは心の行き来に、都会とはちがう喜びがわたしにはあった。

ポスターを見ては、寄ってくれる町の人の話に、かつての「木曾漆器」の辿った運命を知る。古い漆器が見つかればそりゃ嬉しいが、かつての「木曾漆器」の失われていった話にも、抗し難い時代の流れを生きた人の心の琴線に触れる思いがする。そして、人びとの話を聞くことができてなにより有難いのは、いつ、どのように地元の人びとが漆器をつかったか、その暮らしの一端を垣間見ることができることだ。

わたしは、かつての「漆器の町」の人びとの声を少しでも多く聞き取りたい。そして、話のひとつひとつを、大切にわたしの胸の奥にそっと仕舞い込む。わたしが「旅の人」だからこそ、語ってくれたことかもしれないからだ。ふだんづかいの漆器に込められた人びとの思いは、日々の喜びと哀切に満ちて語られ、わたしはかつて町の人の暮らしに溶け込むようにあった「木曾漆器」を心のなかに描くのだった。

＊

数少ない「木曾漆器」が「木地の館」に持ち込まれると、わたしはすぐに師匠の許に見せに行く。師とわたしは心逸る思いで包みをほどき、器に見入る。

村地忠太郎はいまも現役の木地屋として、「八沢しごと」の往時を知る生き証人だ。

師が真っ先に聞くことは、その漆器がどこから持ち込まれたかだ。そのことを頭に入れたうえで、師匠は漆器を手に取り、形状、塗りなどを見て、つくられた年代を推し測り、それが地元でつくられたものか、飛驒などよそから持ち込まれたものかをいい当て、さらに木地や塗りについて詳しく説明をしてくれる。

「これは福島（木曾福島）でつくられたものだ」と師匠がいい切る根拠は、自身が実際にその器の木地づくりに参加したか、または八沢で目にしたことがあるものだ。村地忠太郎の生きてきた年月が、器の来歴を明かす。

「木曾漆器」の歴史を知る職人の話は、迫力に満ち、わたしはいつもその話にたじろぐ。師はそのとき、必ずやひとつひとつの器をつくったかつての木地屋や塗師屋の腕やその心持ちに言及する。「大した腕だよぉ」と師がいうとき、わたしは貴い時間に立ち会っていることに身震いする思いだ。

いつか町で、かつての小さな「木曾漆器」が五十円、百円で処分されているのを見かけたとき、わたしはむしるようにして持ち帰り、中畑の仕事場に飛び込んだ。

日ごろ穏やかな村地忠太郎がこのときばかりは声を荒げた。「こんな値段をつけるなら、ただでくれてやって欲しかった！」。

師は怒っているのではなく、心が張り裂けんばかりに泣いているのだとわたしは思った。側板が欠けた小さな器は、師が側板を新たにつくり、そっと付け直してやった。

「取れてからまだそれほど時間が経っていないよぉ。どこかに取れた側板があったんじゃないか。それをつけてやればいいんだが。可哀想にな」。

地元の漆器が失われていくとき、箱に入った輪島の漆器が、この町では大切に保管されてきた。

＊

「八沢しごと」の職人が町から消えて、おおかた五十余年が経つ。町の人びとは戦後を必死で生き抜き、今日を迎えている。いま、かつての「木曾漆器」が忘れられていたとしても、この町の心穏やかな人の誰が悪いのでもなかった。人びとは善意から発し、古いものを少しでも金銭に換え、町の発展に尽くそうと活動していた。

残念だったとすれば、「木曾漆器」発祥の地であるこの木曾福島で、「二十年、三十年前に、『八沢しごと』がガタガタになろうとするときに、役場が振り向いてくれていたら……」の村地忠太郎の嘆きに尽きよう。平沢が未だに漆器の町として生き残るのに、どうして木曾福島は残れなかったのかとの忸怩たる思いは、木曾福島の町や漆器を深く愛すればこそだ。

「漆器の町」から多くが失われて、すでに長い年月が流れた。遅きに失したかもしれない。

しかし、「いまから」なのだ。

かつての木曾福島を振り返り、当時、町になにがあり、なにがなくなり、いまなにが遺されているのかを知ることから始めたい。それが、「木曾漆器」の小さな灯火を、九十一年間、木曾谷の町で守りつづけてきた木地屋の踏ん張りに応えることであると信じて。

松本民藝館へ

人は身近にあるものの良さにはなかなか気づかない。チルチルとミチルの「青い鳥」のように。木曾町で、地元の漆器ではなく、輪島の漆器が数多く保存されてきたのは、地元でつくられたふだんづかいの漆器より、よそから町に持ち込まれた煌《きら》びやかな晴れの日の漆器を大切に思う気持ちがあったからだろう。

人は自らの足元にあるものの良さには気づかなくとも、よそのものが際立って美しく見えることがある。「良いものはよその人が教えてくれるんだでな」と村地忠太郎がいうとおりなのだ。職人のつくる民具が美しいと感じるのは、実際の使い手から少し離れたところに暮らす者かもしれない。過去に、よそから木曾福島にやって来て、「木曾漆器」や「木曾春慶」、あるいは「ヘギ目」の良さに気づいた人がいなかっただろうか。

ひきつづき町の人にかつての「木曾漆器」探しをお願いしながら、わたしは休みの日に「旅」に出かけ探し始めた。

＊

二〇〇八年五月。

わたしは電車とバスを乗り継ぎ、「松本民藝館」（松本市）に出かけていった。受付にいた望月正勝館長に、かつての木曾福島でつくられた「木曾漆器」、なかんずく「ヘギ目」の「木曾春慶」を探していること、柳宗悦は木曾福島に来たとき、どこの店に寄り、なにを見たのかを知りたい、とわたしは話した。柳宗悦（一八八九〜一九六一年）は生活に即した民芸品に注目して「用の美」を唱え、民芸運動を起こした思想家、美術評論家であり、一九三六年、東京・目黒に日本民藝館を設立した。

松本民藝館の展示に、木曾福島で目にする「切溜《きりだめ》」があった。手に取って見たわけではないが、おそらく村地忠太郎がいうところの「田舎春慶」ではないかと思われた。それは正式な塗りの名前でなく、師が「木曾春慶」以前の地元の簡単な塗として説明してくれるものだ。「切溜」のほかには、木曾福島でつくられたとおぼしき漆器はなかった。望月館長は、収蔵庫の中の曲物も見せてくれたが、残念ながらそこにもなかった。民藝館には、漆器のほかに家具や陶器など多くの種類の展示があり、それはよく整理された美しいものであった。

しかしながら、話はこれだけで終わらない。

「木曾漆器」はみつからなかったものの、この日、館長が手渡してくれた資料が、この先、わたしを東京の日本民藝館に誘うことになる。

日本民藝館へ

かつての「木曾漆器」を探す旅。

「どうして旅をつづけるのか」と問われれば、それは、いま九十一歳になる木地屋村地忠太郎に、この世に残るかつての「木曾漆器」を見てもらい、その製作過程を解き明かしてもらわねば、こののち当時のことはなにもわからなくなってしまう。また、わたしは、この「探しものの旅」を懸命に歩きつづけることで、この町の人びとにささやかな恩返しがしたかった。それはわたしが「旅の人」であるからこそ、できることかもしれなかった。

わたしは出会う人ごとに、探しものを尋ねながら歩く。そうしては見ず知らずの人びとに、まるで温かい衣を一枚、また、一枚とまとわせてもらうようにして「旅」をつづける。

わたしの想いに応えてくれた町の人びとの心が、身にまとった一枚目の温かい衣。おかげで、「旅」に出る勇気が湧いた。松本民藝館の館長の厚意が二枚目の衣。

さて、三枚目の衣はどのようなものか。

＊

二〇〇八年六月。

東京・駒場、日本民藝館。

一ヶ月前に訪ねた松本民藝館の望月館長から手渡された資料が、わたしを日本民藝館へと向かわせた。それは、「民藝品買物領収書綴」と題された田中雍子の論文であった（「民藝」七月号、二〇〇七年）。柳宗悦は、一九三四年三月、東京松坂屋で開催し、約九千点の民陶を集めて成功した『日本現代民窯展』につづいて、同年十一月、東京高島屋で、より大規模な『現代日本民藝展』を催すことになり、そのために八回にわたって、栃木・陸中・奥羽・信濃などをめぐり、民藝品の調査蒐集旅行を行なった。田中の論文には、柳宗悦が木曾福島で漆器店に立ち寄り、その領収書が残されていることが書かれていた。さらに、調べてみると、柳宗悦は一九二四年七月に信州白樺派の教師赤羽王郎と、木曾福島、蘭《あららぎ》、上諏訪を訪れていることがわかった。

ちなみに、一九三四年七月に柳宗悦が南木曾から木曾福島に入ったことを、当時すでに木地屋のしごとに就いていた村地忠太郎は、まったく噂にも聞いたことがないといった。また、当時の新聞をあたってみても、柳宗悦の来曾を報じた記事は見あたらなかった。

日本民藝館を訪ねる目的ははっきりしていた。

一九三四年七月十五日。七十四年前のその日、柳宗悦は木曾福島を訪れ、どの店でなにを買ったのか。当時、地元の人びとがつかう、どのような道具に、柳は「美」を見出したのかをわたしは知りたかった。そのため、柳が木曾福島で購入した漆器の現物を、わたしはどうしても見たいのだった。

現在、木曾福島に残る「木曾漆器」の点数が限られているとしても、柳宗悦の目を通して選ばれた木曾福島の漆器が東京の日本民藝館で大切に保存されているならば、それはそれで有難いことだとわたしは思った。

日本民藝館に文書で閲覧願いを出すと、わたしがしたいことをするためには、一点につき千円の閲覧料がかかることがわかった。柳の収集した「木曾漆器」はかなりの数にのぼるかもしれなかった。わたしはその費用の捻出に頭を痛めることになった。わたしはまだ学ぶ身であり、まったく余裕がない。しかし、日本民藝館に探しているものがあるからには、行かない選択は、そのときすでにわたしにはなかった。どうしたらよいものか、あちこち相談に出かけた先にも、いい智恵は転がっていなかった。とりあえず、日本民藝館に行ってみよう。それから、考えよう。考えてもどうしようもないとき、そこから逃げるように、判断を先延ばしにするのが、わたしのいつもの癖だった。

結論からいうと、日本民藝館では、かつての「木曾漆器」には一点も出会えなかった。柳宗悦が木曾福島にやって来て手に入れた漆器は、あるいは展示会で売ってしまったのではないかとのことだった。残念なことに、その写真も目録もまったく残されてはいなかった。この日、閲覧料はわずかで済んだが、かつての「木曾漆器」には会えなかったことでわたしはかなり落胆した。

しかしながら、日本民藝館でも、話はこれだけでは終わらない。

順を追って、話を進める。

その日、事務室に入ると、大きな机の上にはすでにわたしが閲覧を申し込んだ数点の資料が用意されていた。わたしは事前に、日本民藝館には、柳宗悦が木曾福島で購入したすべての漆器と、ほかに数点の閲覧願いを出した。それは、次のようなものであった。

① 柳宗悦が木曾福島の店で漆器を購入した際の店の領収書

② 本（「柳宗悦の世界」別冊太陽、平凡社、二〇〇六年）に掲載されている「竹曲物の柄杓《ひしゃく》」とキャプションのある柄杓の写真の現物

③ 柳宗悦の『手仕事の日本』（岩波文庫、一九八五年）に添えられた芹沢銈介のカット「伊予出淵　竹《たけ》面桶《めんつう》」の現物

事務室の机の上に①、②が用意されていたほか、担当者の厚意で、領収書を書いた店の店主の名刺とチラシがあった。

一九三四年に柳は木曾福島のどの店で買物をしたのか。

①の古い領収書を、震えるような思いで手に取る。そこに記されていた店の名は、「桑名屋」であった！「よし彦」でもなく、「海老屋」でもなく、「桑名屋」であったのだ。

わたしは、しばらくは領収書を穴があくほど見つめていた。走り書きのような、判読の厄介な字を見つめていると、風のようにこの町にやって来ては去っていった柳宗悦一行の姿が見える気がした。手書きされた領収書に書かれた文字は判読できないものもあったが、次のとおりである。

「春慶一升湯桶　十個、春慶外居《ほかい》（食物を運ぶのに用いられた器）五個、判上二合半（小判型の弁当箱）五個、黒内朱六寸二分茶碗　二十個、同茶碗春慶　二十個」

当時の領収書を目の当たりにしてみれば、なんとしてもここに書かれた現物に会いたかったと、わたしの心のざわめきはなかなかおさまらなかった。

柳宗悦が訪れた店が「桑名屋」だとわかったことは、大きな収穫だった。また、当時の「桑名屋」の店の空気が醸し出される、店主原秀蔵の名刺とチラシを手にしたとき、それは探している漆器とおなじ重さがあるようにわたしには感じられた。

チラシは当時の「桑名屋」の店先が目に浮かぶような、たいそう面白いものだった。七十五年前から、「桑名屋」はこのようなチラシを出していたことを知り、原秀蔵の店にかける意欲を強く感じた。一日も早く、このことを「桑名屋」の原夫妻、村地忠太郎に伝えたいと気が急いた。

チラシからは、「桑名屋」では漆器だけではなく、お六櫛や薬や絵葉書などの各種お土産品のほかに、スキー用具まで扱っていたことがわかる。

その冒頭に、「木曾特産漆器」の特徴が書かれている。

一、天下に冠たる無尽蔵木曾御料林の良材使用
一、檜柾目割細工漆器は他に類少し
一、漆器材料は特選使用
一、総て堅地実用品
一、木地に狂ひなど憂い少し

＊

日本民藝館で、わたしが「木曾漆器」のほかに竹製品の閲覧を請求したのは、小さな目論見があったからだった。

わたしは、柳宗悦が木曾福島の「ヘギ目細工」について、なにか書き残したものがないのか探していた。しかし、「ヘギ目」についての言及はみつからなかった。

そのときに、わたしは柳宗悦著『手仕事の日本』に、村地忠太郎がつくる「ヘギ目」の深ぶたの「小判弁当」そっくりの、芹沢銈介の描いたカットを見つけるのだ。「伊予出淵　竹面桶」とあった。わたしは、そのカットに木曾福島でいまもつくられるヒノキの「ヘギ目」の面桶の面影を見た。木曾福島の「面桶」を絵にすれば、あの伊予出淵の「竹面桶」のカットと寸分変わらぬものとなる。芹沢銈介のカットを師匠とふたりで眺めては、「これは『ヘギ目』の弁当箱だ。どうみても、『ヘギ目』だなぁ」といった。恐れ多くも柳宗悦が「ヘギ目」を竹と間違えたのだと思ったのだ。「竹の弁当箱」

が、九州や四国でつくられているのは、文献で読んで知ってはいた。しかし、「丸い竹の稈《かん》が、幅のある平らな側板になるはずがない」との思い込みが、ふたりにはあった。とにかく、現物さえみれば、それが「竹」か「ヒノキのヘギ」か一目瞭然だと考えての閲覧請求だった。

柳が『ヘギ目』を『竹』と間違えたと考えたささやかな根拠は、②柄杓の写真であった。師とふたりで本に掲載された小さな柄杓の写真を矯めつ眇めつ眺めてみても、それは竹でできたものとは思えなかった。これが、「竹」でないとしたら、③「竹面桶」も「竹」でつくられたものではなく、「ヘギ目」かもしれないと考えたのだ。

閲覧請求した現物のなかで、柄杓だけが目の前にあった。わたしは、柄杓を手にとって見せてもらうと、やはり、それは竹ではなく、ヒノキなどの針葉樹の柾目の板を曲げてつくられていた。わたしがそう指摘すると、担当者もそのとおりだといった。

こうなれば、なおのこと「伊予出淵　竹面桶」を見たかったが、日本民藝館には残されていなかった。

あると期待したものが悉《ことごと》くなく、嘆くわたしの目の前で、担当者は愛媛民藝館に電話をかけてくれた。しかし、そのときは思わしい情報はなかった。そのため、わたしはひきつづき、「それは竹ではなく『ヘギ目』ではないか」との淡い期待をもちつづけた。それは、柳宗悦が木曾福島まで来て、「ヘギ目」を見なかったはずがない、いや、ぜひ見て欲しかったと願うわたしの気持ちがさせたことだった。

愛媛まで連絡を取ってくれた日本民藝館の担当者の厚意が、その後、わたしのまとう三枚目の衣となることを、このとき、わたしはまだ知らない。

桑名屋へ

東京では、期待したかつて木曾福島でつくられた漆器はみつからなかった。地元で、再びかつての「木曾漆器」探しを試みなければ、と心に決めて帰途に着いた。


木曾福島駅に降り立ち、村地忠太郎の仕事場へと向かった。

師はいつものように、「盤ノ板」を前にしごとをしていた。師が手を動かしつづけるその横で、わたしは顚末を報告した。師匠はわたしの話を聞き終えると、しごとの手を休めることなく、視線を盤ノ板に落としたまま、「アンタァ、気が済んだか」、と一言そういった。師のこれ以上ない労りのことばに、わたしはふぅっと心の荷をといた。


「桑名屋」へ行った。

わたしはかねてから、「塗師屋」を四十年前に廃業した「桑名屋」に、「もし、以前に蔵を壊すとき、処分しようとした漆器のなかで、もしまだ保存してあるものがあったら、探して見せてもらえないだろうか」と頼んでいた。帰途の車中で、わたしは、これまでの「探しものの旅」を反芻しながら、「桑名屋」への頼みが、あるいは実を結ぶのではないかとの予感がした。

實子は手芸店を営むくらいだから、手仕事を愛してやまない人である。だとすれば、嫁ぎ先の漆器店の蔵を壊す際に、中にある漆器を泣く泣く処分しなくてはならない場面に遭遇したとき、實子はそれらの品々を前に躊躇《ためら》ったあげく、処分の山から何点かを選りすぐり取り除けたはずだとわたしは推測していた。次第にそれは確信へとかわった。

のちに、實子はやはり「職人が心を込めてつくった漆器を捨てるに忍びなかった」といった。實子のおかげで、木曾福島の貴重な漆器や写真が、ある程度の数まとまって処分の山から救い出されていた。

「桑名屋」へ顔を出すと、すでに實子はわたしの頼みを聞き届け、保存してあった多くの漆器を洗って乾かし、待っていてくれた。なんとも有難いことであった。

数日後、「桑名屋」の原夫妻の家の座敷で、村地忠太郎とわたしは、かつての「桑名屋」の漆器を手に取って見せてもらった。外居、弁当箱、湯桶などの漆器が部屋いっぱいに並んでいた。「ヘギ目」の漆器は少なかったが、ここにあるものはすべてかつて人びとが日常につかっていた「木曾漆器」である。

日本民藝館を訪れる前に、わたしは東京の国立国会図書館で「工藝」のバックナンバーをマイクロフィルムで閲覧していた。そのなかに何点かの漆器の白黒写真が載っていた。わたしは、そのなかから、かつてこの町でつくられた「木曾漆器」と思われる写真のコピーを、この日、持参していた。四人で写真と照らし合わせては、面影のある漆器を探した。

夫妻は、政利の父秀蔵のつくった「桑名屋」の宣伝チラシを食い入るように見つめ、チラシとの初めての出会いを心から喜んでくれた。

かつての塗師屋「桑名屋」でつくられた幾多の「木曾漆器」が並べられた座敷で、七十年前に撮られた賑やかな店の写真を思い起こせば、秀蔵の張り切る姿も浮かんでくるのだった。店の前には、村地忠太郎少年もいる。わたしはしばし、木曾福島の遠い昔を見つめていた。

木曾福島には数軒あった「塗師屋」のなかで、柳宗悦が「桑名屋」で買物をした理由を、村地忠太郎は次のように推測する。ほかの「塗師屋」も漆器の製造販売をしていたが、漆器をつくっては各地に卸すしごとが主であり、「桑名屋」はそのことをしながら、また、町で手びろく店商いもしていたからではないかというのだ。

ちなみに、歩いて数分の近いところにいながら、慎み深い村地忠太郎が「桑名屋」を訪ねたのは、九十一年の人生でこの日が初めてであった。木曾にやって来てわずか二年にも満たない「旅の人」が、町のあちこちにつむじ風のように出没しては、歩き回っていることの申し訳なさを思う。

「木曾漆器」を探す旅は、かつての漆器だけではなく、昔からいまにつながる木曾福島の人びとの心を、わたしの前にひろげてみせてくれる。そして、それは旅の途上でときに心沈み、立ち竦むわたしに、再び歩み出す勇気を与えてくれる。

木曾町。その九十五パーセントがかけがえのない大切な森で占められる山間の町。古《いにしえ》の「木の文化」が、町をつらぬき流れる木曾川のように、いまも永々と生きつづけ、人びとがその恵みを受けながら、心平らかに生きるところ。

愛媛県内子町へ

日本民藝館から愛媛民藝館への連絡がきっかけとなり、わたしの想いは、駅伝のたすきのように、人びとの輪のなかを、次から次へと運ばれていっていた。

木曾福島の「木地の館」に、転送を繰り返されたメールが届いた。そこには竹面桶の写真とともに、愛媛県喜多郡内子町、長生《ながいけ》民藝店店主の長生志郎と連絡をとることを勧める旨が書かれてあった。写真は、「竹面桶」がいろいろな角度から撮られていた。面桶のふたを開けて撮られたものがあり、木前（側板の端と端の重なり）のちょうど反対側に写る部分に縦に筋が入る。これは竹の節ではないかと思い当たる。村地忠太郎は「そうかも知れん。竹の節かも知れん。だけどなぁ、アンタ、丸い竹がどうして平らな側板になるんか。四国にはそんなに太い竹があるんだろうか」といい、わたしたちふたりは、頭のなかで直径が数十センチにもなるそれは太い竹を想像した。現実のものとは思われなかったけれど。

内子町の長生志郎に電話をかけると、弁当箱はたしかに竹を曲げたものだといった。しかし、その作り手の消息はわからないと。長生は「山に行って探して来る」といい、数日後、実際にクルマを駈って大瀬の山の中にいまも元気に暮らす竹曲物の作り手を探し当ててくれた。それから日をおかず、長生から夢にまで見た竹面桶の実物が郵便で送られてきた。

外形は、芹沢銈介の描いたカットとまったくおなじものだった。側板にしっかり節があり、それは間違いなく竹だった。村地忠太郎は、「降参しました！」と大きな声でいって、竹でできた曲物に頭を下げた。

わたしの「探しものの旅」は、さらに四国・愛媛へ向かうことになる。

そして、竹曲物を見にでかけたわたしが、ふと立ち寄った町に残る古い歌舞伎小屋で見たものは……。それは、木曾の森の中に生きる木精が、わたしを愛媛へ遣わしたのではないかと思わずにはいられないものだった。

＊

二〇〇八年七月末。

わたしは予讃線の車窓から、木曾とはちがう低く丸い山々やのどかな風景を眺めながら、生まれて初めて四国に来たのだと思っていた。

内子駅に降り立ち、二十分ほどかけて町なかにある長生民芸店までリュックを背負いながら歩いていった。浅黄色と白漆喰の外壁の家々が残る町並みを、横に入った一角に、めざす民芸店はあった。向かいの店で、この町でつくられた木蠟《もくろう》を見ながら、店主の到着を待った。初めて会った長生志郎は、なかなか個性豊かな熱いひとであった。この人が大瀬の山へ行き、探してくれた、竹曲物をつくる仲岡年万《としかず》に、わたしはこれから会いに行くのだ。

大瀬にはバスを調べて行くつもりだというわたしに、長生は「バスで行かれるわけがないでしょ」といい、「まぁ、乗れ」と自分のクルマにわたしを乗せてくれた。長生はめっぽう舌鋒鋭いが、心熱い人なのだ。とうとう、この日、長生はわたしを案内するために一日中、店を閉めることになってしまった。

これから行く仲岡年万の住む大瀬は、内子駅からクルマで十五分ほどである。大瀬は作家大江健三郎の故郷であり、長生はその人の卒業した中学校へ案内してくれた。大瀬の森に抱かれた、それは学校という印象から少し離れた、個性的で近代的な建物である。クルマの中から小田川が見える。長生はこの川で鮎を採るのだという。道路の両側には、椀を伏せたような丸い山が見える。この町の森には、木曾とはちがうのんびりした空気が流れている。

竹曲物の作り手の住む大瀬の山は、その日、かんかん照りだった。畑がひろがり、強い陽を遮るものはなかった。仲岡年万は八十一歳、笑顔のやさしい人である。よそから来たわたしを家族全員で温かく迎えてくれた。四国のことばにはその人柄をさらに際立たせるような、のどかなやさしい響きがある。東京出身のわたしは、木曾でようやくそのことばに慣れて、聞き返すこともほとんどなくなっていた。しかし、初めて耳にする愛媛のことばは、すんなりとはわたしの脳ミソには届かず、長生に噛み砕いて説明してもらうこともしばしばであった。

仲岡は、父親が竹曲物をしていたのだという。自分は郵便局に勤めてもいたから、勤めの合間に竹のしごとをしたと話す。いまは少し体を壊し、竹のしごとはしていないといったが、幾つもの竹曲物をつくってわたしの到着を待っていてくれていた。道具を見せてくれ、竹の曲げ方も身振りを交えながら教えてくれた。「な〜るほど！」と村地忠太郎の口癖をまねて、わたしは膝を打ちながら大きな声でいった。長い時間、仲岡はわたしの質問に答え、熱心に説明を繰り返してくれた。

昼、誘われるままに、仲岡の家族のなかに入り、長生とふたりで昼食をご馳走になる。何人もの人の笑い声のなかで食事をしながら、この家の人びとの日々の心の豊かさを思った。午後もひきつづき、仲岡の話を聞いた。かつては竹で弁当箱、お櫃、豆を炒って量ることもできる器、柄杓などをつくったのだという。戦争中は、特に柄杓が多く出たと話してくれる。

しばらくして、再び夜に仲岡家に戻る約束をして、長生とクルマで内子の町なかに下りる。棕櫚等《しゅろぼうき》の伝統工芸士である長生の営む民芸店に立ち寄り、父親のつくった棕櫚の蓑《みの》や、自身のつくった棕櫚の小箒やたわしなどを見せてもらう。その後、長生は歩いて町を案内してくれた。

町には古い歌舞伎小屋があった。「内子座」である。わたしは中に入って、古い芝居小屋の奈落や大向うを見て歩いた。

「内子座」については、次のようにある。


この劇場は、木蠟や生糸等の生産で経済的にゆとりのある時代に、芸術、芸能を愛してやまない人びとの熱意で生まれた木造の劇場です。あるときは、歌舞伎、人形芝居、あるときは落語、映画等、農閑期には、もてはやされた出し物が内子座を彩り、人びとの心の糧として大切にされました。当時の人びとの楽しみといえば、大阪歌舞伎と人形芝居で、弁当、酒、肴持参で見物に出かけたそうです。〔中略〕内子座は、大正5年2月（1916）大正天皇即位を祝い、創建。木造2階建て瓦葺き入母屋造り。ホールとして活用後、老朽化のために取り壊されるところ、町民の熱意で復元。昭和60年10月、劇場として再出発した。

わたしは、ここ「内子座」で思いがけない出会いをする。

ひとりで内子座の中の探検を楽しみ、芝居小屋の裏を眺めたあとに、わたしは階段を上り二階の資料室に入った。いろいろ展示のあるなかで、厚いガラスのその下に、四角い隅切りの漆塗の皿があるのが目についた。

あっ！「ヘギ目」の皿‼

わたしは急いで階段を下り、受付へ走って行き、皿をよく見せてくれないかと頼んだ。了解を得、長生も加勢してくれてガラスを持ち上げようとしたが、重くて持ち上がらなかった。しかたがない、縁がなかったのだ……。

その後、再び長生のクルマで大瀬に向かう。この夜、わたしは、この地区の人びとが管理をする「大瀬の館」に泊まることになっていた。元は村役場の建物だったというこの館は、よく手入れと掃除の行き届いた、わたしひとりが泊まるにはもったいない広い家である。

日が暮れる前に歩いた大瀬の町並みは、落ち着いた昔ながらの佇まいの家々が軒を列ねる。通りのすぐ横を、小田川が流れる。夏の盛りで、川遊びをする子どもたちもいて、夕暮れの時間、大きな浮き輪を担いで家路に着く子どもとすれちがう。小田川は流れが緩やかで、川幅もほどよく、子どもが水遊びをするにはもってこいの川である。わたしは、子どものころにここに住んでみたかったなと思った。川も神社の境内も、そのうしろに立つ背の高い木々も、皆、子どものわたしが友だちになれそうだった。

内子町大瀬の仲岡年万

夜、仲岡はわたしを再び夕食に誘ってくれるために、「大瀬の館」までクルマで迎えに来てくれた。そして、近くの魚屋に立ち寄り、店頭で炭火で焼いている鯖を買った。仲岡の家の食卓にはたくさんの料理が並ぶ。鯖を皆で箸を伸ばして食べれば、忘れられないとびきりの味がした。ちなみに、木曾では鯖の水煮缶をよく料理につかう。香りのよい山ウドとともに煮るのがわたしの好みだ。仲岡の食卓に並んだ野菜、豆腐、ビールと皆の笑顔に、腹も心も満たされる。帰るときには、仲岡は竹曲げにつかう古い道具や何種類もの竹曲物、家で採れた野菜をダンボールいっぱい詰めてくれた。仲岡はさりげなく最後にこういった。「ここで竹曲物をやる人がいなくなっても、木曾でやってくれたら嬉しい」と。わたしは、たくさんの親切と仲岡に託されたことばで胸がいっぱいになり、何度も礼をいって別れた。

木曾川のほとりにて

木曾福島に戻り、村地忠太郎に仲岡年万から聞いた話を報告した。木曾福島では真竹が手に入らないため、伝を頼り野尻に真竹をもらいに行き、八月に入って採って来た木曾の竹で曲物に挑戦した。木曾川の川原で村地忠太郎と四苦八苦しながら、仲岡の説明してくれた工程を辿った。ヒノキはいつも曲げなれている師も、竹には悪戦苦闘した。なんとか竹を曲げることができた。

この年の暮れ、思いがけない荷物が、仲岡年万から届いた。なかには正月の杵つき餅や野菜や八幡浜のてんぷらやみかんや樽柿が入っていた。帰る「田舎」をもたないわたしは、年の瀬にこのような贈り物をもらったことがなかった。わたしは何度も電話機に向かって頭を下げ、仲岡家の人びとに「ありがとうございました」と繰り返していた。

*

内子から戻ってしばらく経つと、夜、夢に「内子座」の皿が繰り返し現われるようになる。数日間、おなじ夢を見つづけたわたしは、思い切って内子町役場に電話をかけた。「高齢の師匠は四国まで行くことができないが、もし、特例で皿を貸し出してもらえるなら、師に見せその由来を尋ねたい」とわたしはいった。その後、内子町役場では会議にかけられ、わたしの願いは叶えられる。

待ちに待った漆塗の皿二枚が、愛媛県内子町役場から木曾福島に届いた。わたしは「おかえりなさい」と小さくいって、里帰りしたのかもしれない皿の荷をといた。

漆塗の大きい皿は隅切で約四寸（十二センチ）四方、小さい皿とは入れ子になる。朱に塗られ、底板の裏は黒であった。皿の表面には、

「丸に二引き」の紋と「片岡長太郎」の文字が朱の底板に黒く書かれてある。長太郎が一九二二年に勧進元に配った皿である。たしかにそれは「ヘギ目」の皿であった。「ヘギ目」の隅切皿、朱と黒の色合いは、木曾でつくられたもののように思われるが、漆器店の印はなく、確証はない。

早稲田大学演劇博物館に、「丸に二引き」の紋と片岡長太郎の名を問い合わせると、歌舞伎の専門家は、たしかに「丸に二引き」は片岡家の紋であるが、長太郎は大歌舞伎の役者ではなく、わからないといった。もしかしたら、長太郎が木曾で公演をした際に皿を買い求めたのかもしれないし、京都の漆器店で注文したものが木曾でつくられたのかもしれないとのことだった。それは、その皿が木曾でつくられたものであったらという前提ではあったけれど。

確たることはわからないが、内子からわざわざ村地忠太郎の許にやって来た皿は、師とわたしの大切な「遠来の客」であった。わたしは、二枚の「ヘギ目」の皿が、遠く愛媛と木曾を結んでいる不思議を思い、愛しくてならなかった。その後、皿に旅の労をねぎらい、再びそっと箱に詰め、旅の無事を祈って、長生志郎や仲岡年万とその家族が住む、内子町に送り返した。

このときわたしは、愛媛でもどれほど多くの人の優しさのなかにいただろうと思った。幾重にも温かな衣をまとった「探しものの旅」の途上にあるわたしである。

＊

木曾に来る前、わたしは久しく旅に出ることがなかった。

わたしは、心に弾みをつけ、空に向かって飛び出すようにして、東京から木曾にやって来た。そして、それは、思いがけず、どこまでもつづく、いつ果てるかも知れぬ旅のはじまりだったのかもしれない。木曾で学び、暮らしたからこその出会いが、さらなる出会いを呼び、いままで知らなかった土地を訪ね、そこに生きる人びとと出会う。新しい土地に旅に出ては、さらに旅を重ねる。ひとつところに留まらず、流れるように生きては、出会いを繰り返す。

「探しものの旅」は旅する者に、望んだところで叶わぬ、思いも寄らぬ出会いをさせてくれる。そして、それは疲れた心に温かい衣をいっぱいまとわせ、さらに旅をつづけさせてくれる。「旅」で味わう落胆は、いつだってそれだけで終わらない。それは、必ず次の行く手を示す道しるべとなる。そして、遠い道程で、両の手のひらに集めた小さな「旅」の断片のひとつひとつをつなぎ合わせたときに、初めて「旅」の姿が見えてくる。

このころになると、わたしにとって「旅」は「生きる」こととおなじことであるばかりではなく、また、「祈り」に似た想いとともにあることに気づく。

古《いにしえ》の「木の文化」を、いまに伝えて

東京からやって来たわたしは、木曾に来るまで「へぐ」「へぎ」の語になじみがなかった。しかし、いまも日本の各地で、「へぎそば」、「竹へぎ」、「へぎ餅」、「へぎ柚子」など、「へぎ」のことばがつかわれる。

*

村地忠太郎のしごとには、「木を割る」、「木をへぐ」工程があることから、木曾町でそのしごとを説明するのに、「『へぐ』は『はぐ』の木曾の方言」と書かれてある説明や文献をよく目にする。しかし、「へぐ」は「はぐ」ではない。また、「へぐ」は古く我が国で行なわれていた「木を割る」文化を物語る貴重な語であり、木曾の方言ではない。

『広辞苑』、『古語大辞典』（小学館）、『日葡辞書』には、「はぐ」と「へぐ」とは別の見出しで記載されている。

『広辞苑』

「はぐ」……表面をむきとる／身につけたものをぬがせ取る／官位などを取り上げる。

「へぐ」……薄く削り取る。日葡「イタヲヘグ」／へらす。

『日葡辞書』

Fagui,u,eida ハギ、グ、イダ……皮を剝ぐ／また、比喩。ある人の着物を全部剝ぎ取る／Tcurano cauauo fagu（面の皮を剝ぐ）ある人をきびしく咎める。

Fegui,u,eida ヘギ、グ、イダ……密着しているものを剝がす、裂く、または割る／また、Itao fegu（板を剝ぐ）屋根葺き用の薄板を作る時などのように、板を裂く、または、割る／また、減らす。


木曾の村地忠太郎や野根板《のねいた》割り職人の「木をへぐ」技は、現在、木曾で遺されてはいるが、これはそもそも木曾固有の技ではない。かつては、木曾でなくとも、良材が豊富にあった我が国で「木を割る」「木をへぐ」ことは、ひろく行なわれていた。日本の各地で「割れる」良材が枯渇し絶えてしまったいま、木曾で現在も引き継がれる「木をへぐ」技は、古の「木の文化」がほんの数人の職人の手でかろうじて遺されている証なのだ。樹齢数百年もの良材が、かつて豊富にあった時代には、人びとはそれは無尽蔵に手に入る資源だと思っていたのだろう。しかし、村地忠太郎がいうように大量に木を伐リカラカシタ（「無計画に伐った」の意）山は裸になった。

古の時代にひろく行なわれていた「木を割る」文化を概観してみれば、我が国では十五世紀半ばに縦挽鋸《たてびきのこ》が普及するまで、木を割って板をつくっていた。屋根板などにする薄い板をつくるときには、いま村地忠太郎がそうするように、ひろく我が国では「木をへいで」いたのだ。そのとき、板を薄く割ることを表すことばとして、「へぐ」をつかっていたのは、『日葡辞書』の記載からも明らかだ。

我が国では縦挽鋸が普及するようになる以前から、人びとはその存在は知っていたのだろうが、鋸をつかわずに「木を割り」、「木をへいだ」。

というのは、木にもよるが、割る方が早いし、技術的に楽という面がある。先達がこの木は割れると見定めれば、後進は木に立ち向かうことができる。一方、鋸で挽くのは技術と忍耐がいる。目立《めた》て（刃の手入れ）もしなければならない。割りやすい木さえ豊富にあれば、鋸はつかわなくとも問題はない。しかも、当時の人は割る高い技術をもっていた。そのため資源が枯渇するまでは縦挽鋸には手を出さず、結果として日本での普及が遅れたように思われる。

（『木に学ぶ』早川謙之輔、新潮選書、二〇〇五年）

十五世紀半ばまで、木を割って板につくるのが当たり前だった我が国で、二十一世紀のいま、「木を割る」職人は何人残っているだろう。

現在では、人の手で「木を割ったり」、「へいだり」しないで、製材の機械で木を挽く。樹齢の高い木々は、幾時代かにわたって日本各地で大量に伐採され、人の手で割れるような良質な天然木がなくなってしまったからだ。

いま木曾で、樹齢数百年の素性の良い木曾ヒノキやサワラの天然木が、かろうじて手に入る。そのため、「木を割る」、そして、割った木をさらに薄く「木をへぐ」技が、村地忠太郎や、野根板割り職人たちの手によって、木曾に残されているのである。実に稀少な木曾の職人たちである。

いままさに絶えようとする我が国の「木を割る」、「木をへぐ」職人の技は、これまでほとんど世に知られてこなかった。

日本の各地で、幾多のしごとや職人が人知れず消えていき、いまや誰もそれがなんであったかさえ覚えていないのかもしれない。

すでに我が国で数人しか残らない職人の「木をへぐ」技を、我が国の歴史を数百年昔に遡れば、それはかつて身近に良材が豊富にあった人びとが、木を伐り尽し、遠く忘れ去ってしまった技だと知る。「へぐ」を「木曾の方言」としてしまえばそれで行き止まりの袋小路も、長い時の流れを縦軸に、地域のひろがりを横軸に、再度、捉え直してみれば、いままで見えなかったものが、目の前に大きくその姿を現わす。

これほどまでに貴重な木曾の職人たちの技が、顧られてこなかった不思議を思う。それは、かつて、大きな裾野をもち得た古の「木の文化」が、我が国の一隅、かろうじて木曾で遺され、引き継がれてきた技である。村地忠太郎のしごとが、いままでほとんど世に知られることなく、歴史のなかでのその位置づけもされぬまま今日に至ることを残念に思う。

わたしは古からの歴史の流れに列なる、「へぐ」職人のしごとをこれからも検証していきたい。

それにしても、村地忠太郎は、よくぞ九十一歳を迎える今日まで、現役で「木を割る」、「木をへぐ」技をいまに残していてくれたものだ。師が日々「へぐ」木曾ヒノキやサワラがこの世に生を受けたころには、ごく当たり前に日本各地の人びとの生活に根づいていた「木の文化」を、師匠はこの谷底の町で、現代を生きる人びとにいつか語り出す日を一世紀近く待っていてくれたのだと、わたしは『日葡辞書』を傍らにして思う。

わたしは、四百年前の人びとの話しことばの記録と、良材が近年まで残った木曾で、「ヘギ」の技を奇跡的に残してきた職人たちを道案内に、我が国の古からの「木の文化」について、これからも多くを辿りたい。

＊

「木精がわたしを呼んだ」といえば、師に笑われる。

合理的な思考をする師は、「木精」の話などすることはない。わたしが「木精」と口に出した日には、師はわたしの傍らで横を向き、まったくしようがないなぁという顔でふふと笑う。

火山灰や水や土のなかに埋もれ、青黒褐色に変色した木を、その名のアタマに「神代《じんだい》」と振って、神代杉《じんだいすぎ》、神代欅《じんだいけやき》などとよぶ。深みのある時の流れを内に秘める埋もれ木「神代木」を手にするとき、実際の重さを、時の重さとともに感じる。

わたしにとって村地忠太郎は、目の前にいるその人そのものと、木曽の深い森や長い歴史をも感じさせてくれる。わたしは、日々、「神代木」のような人の前にいる気がしている。

二年間、ほぼ毎日、師と仕事場で顔を合わせていても、日々耳にする話が新鮮なのは、その背景とするものがあまりに大きいからだ。

森の木と生きる

良材といわれる木曾ヒノキのなかでも村地忠太郎が「最高だ」と話すのは、赤沢と王滝村の天然木だ。

二〇〇六年五月。赤沢。

日本三大美林のひとつである赤沢には、樹齢三百年ほどの木曾ヒノキの天然林がひろがる。毎年、上松技専では学生全員が、営林署の職員の方々の指導の下、赤沢で間伐体験をし、木曾ヒノキの森を数時間かけて歩く。この年の間伐体験では、わたしは久しぶりの遠足気分で山に入った。しかし、しばらく山道を行き、奥に入ると、森の中の荘厳な空気に気圧《けお》された。種から芽を出したばかりの、ぽやぽやとしたあまりにもか細く頼りない赤ん坊のヒノキ。数百年の時を生き、堂々と屹立する大木の群れ。ヒノキの大きな古木の、大地をがっしり摑んだ根元から梢を、カメラで下から上へパーンするように見上げれば、幽々として静まりかえった森に生きる、その勇壮な姿に息をのむ。森の中をさらに歩けば、幾時代かに亘り、惜しげもなく伐られたヒノキの大木の切株が、数多く苔生している姿を見る。良材である木曾ヒノキは、ほかの木とちがい、切株さえも百年以上朽ちることがない。苔生す切り株に種が落ちれば、新しい命も芽生えるが、あまりに多くの大きな切り株の群れなす姿を見れば、哀切の念は禁じえない。

二〇〇八年十月。王滝。

わたしは、クルマで王滝村に連れて行ってもらった。運転してくれた人は、数年前までこの地で大きなトラックに原木を何本も積んで、土場から材木屋、また、そこから日本各地に運送するしごとをしていた。仕事中に大きな事故に遭い、数年前にこのしごとから離れた。しかし、木のしごとや、木曾の木々を愛してやまないのは、そのことばの端々から痛いほど感じられる。そして、師やわたしが見たいと思うところには、ふたりをクルマに乗せ、ずいぶん離れた土地にまでも連れて行ってもくれた。その人の、おなじ木のしごとをつづける人たちへの思いの深さを慮る。

氷ヶ瀬土場

初めて連れて行ってもらった、王滝村の氷ヶ瀬《こおりがせ》土場。管理棟に知った人があるその人のクルマで、一般の人は立ち入れない土場の門を過ぎる。

クルマから降りると、樹齢数百年の木曾ヒノキやサワラが寝ているこの土場には、あたりとはちがった清浄な空気の満ちているように、わたしには感じられた。静かであるばかりではない。土場に寝ている、伐採したばかりの、はるか人の寿命を超えて生きた木曾ヒノキとサワラが発する音にならない音や囁きが、わたしの体を包んでいるように思えた。

宇宙飛行士が、現代の科学の粋を集めたようなロケットで、地球を離れ、宇宙から地球を望む体験をして、再び地上に帰還したとき、彼らの多くが、人を超えたものの存在について語る。わたしはここに来るまでは、そのことを深く考えることがなかった。しかし、わたしは土場に立ち、宇宙に飛び立って、地球に帰還した宇宙飛行士の話が心に蘇った。

太陽が昇ってから沈むまでを一呼吸とするなら、まさに、数え切れない呼吸をゆっくり繰り返しながら生きつづけてきた木曾の森の木々。木は伐られ、運ばれ、静かに土場に寝る。山の中の清涼な空気の満ちる静寂な土場で、径の大きいものは堂々と一本で、やや小ぶりのものは何本かがかためて積まれて三角の山になり、横たわる。万物を包容する宇宙の真ん中にわたしは立っているのだと思った。

ヒノキの大木が寝る、その樹皮を端から端まで摩《さす》る。伐られた木口を撫《な》でる。木の放つ香気を肺いっぱいに吸い込む。その神々しさを五感いっぱい受け止める。

長さ数メートルに玉切りされた木曾ヒノキの大径木の樹皮を撫でながら歩くとき、わたしはたしかに、そこに木精が宿っているのを感じた。

＊

「木を割るって、空手チョップみたいに？」。

スウェーデンの木工家に宛てたメールを英訳してくれた翻訳家稲垣伸子は、日本語文を正確に英訳するにあたり、わたしに電話でそう聞いた。話しながら、村地忠太郎が空手チョップで木を割るところを想像して、可笑しくてふたりでコロコロ笑った。そういうわたしだって、ほんの少し前までは木のことはなにも知らなかったのだ。

翻訳家はことばのちがう人と人の間に立って、正確に物ごとを伝える役目を負う。稲垣は高校時代からの友人であり、翻訳内容に万全を期す熟達した翻訳者でもあるから、訳すべき内容をわたしにきわめて率直に確かめてくれたのだ。日々、村地忠太郎のそばにいて、まだなにもできないのに、わたしはもはや「木を割り」、「木をへぐ」のが当たり前の世界に住んでいる。そのため、ほかの人への説明が疎かになっていることに、気づかなくなっていた。

上松の学校に入学したころ、寮の横を流れる上松小川に沿って道を行くと、町の人びとの住まいに接して、屋根で覆ったその下にびっしりと薪《まき》が積み上げられていた。中央西線の沿線には、おなじような風景をよく見かける。「あの家は、冬、薪ストーブで暖を取るのかしらん」と憧れの薪ストーブを心に描きながら、羨ましい思いで去り行く景色を目で追う。寒さの厳しい地方で暮らしたことのないわたしは、それまで薪割りさえ身近に見たことがなかった。

木曾に暮らして三年が経ち、いまや手道具だけで「木を割る」人の身近で学ぶ。「旅」から来て、ヴァイオリンづくりを学ぶ人と町で行き合った。その人は、わざわざヨーロッパから取り寄せた機械で割った榑を手に取り見せてくれた。ヴァイオリンの音響版につかう、目の詰んだトウヒだった。その榑を機械でさらに半分に割るというのを聞いて、「わたしに割らせて」とつい大きな声でいった。榑を機械で挽けば、その材の素性など考えることなく、人の欲しい厚さに挽ける。そのかわりに、木が生まれもつ丈夫な繊維を切ってしまうことになる。手で割れば、大鋸屑《おが》も出ず、また、大切な木の目も切らずに済むとわたしは思ったのだ。ようやく輸入した高価な材をその人は大事そうに抱えて、わたしには渡してくれなかったけれど。わたしは、いつも目の真っ直ぐな榑を見つけると、「割ってみたいなぁ」と思うのだった。

＊

二〇〇八年十月七日。長野県木曾地方事務所。

木地屋村地忠太郎と、野尻の野根板割り職人西田源一のふたりは、国土緑化推進機構の認定する二〇〇八年度「森の名手・名人」百人のうちに選ばれた。木曾郡内に住むふたりは、この日、所管の地方事務所で認定書を授与された。村地は最高齢の九十一歳。西田は八十歳、この道、六十年での受賞である。

野根板割り職人。木曾では、西田源一と、二十歳年少の従兄弟が上松でおなじしごとをしている。野根板は『広辞苑』には、「高知県の野根山から産する薄板。屋根を葺くのに用いる」とある。木曾で「野根板」は「ヘギ板」のことである。木曾の名木をへいで、網代にする「ヘギ板」をつくる。

式が終わると、師匠は野尻からやって来た西田源一を、近くにある自分の仕事場へと誘った。二十年ほど前に、師は何人かで西田の仕事場を見学したことがあった。しかし、話をするのはその日が初めてだった。木曾川の川音を背景に、わたしはふたりの話を聞きながら、樹齢の高いヒノキが群立する森の奥にいるような気がした。いつものことながら、わたしひとりがこの貴重な場に立ち会っているのは、まことに惜しいと思うのだった。笑顔で話し合うふたりは、しごとはちがうが、おなじ「木を割る」、「木をへぐ」ことを生業とする職人である。旧知の友のようなふたりに、ことさらことばは要らなかった。


村地忠太郎は、木の「ヘギ鉈」をつかい「へぐ」。

野根板割り職人の西田源一は、伐ってから三年、榑だったら一年に満たない瑞々しい長さ三尺二寸五分（一メートル）、幅五寸（十五センチ）のスギ、ネズコ、サワラの榑を、鉈や、金属の「ヘギ包丁」、自分の両の手のひらで「へぐ」。素手で木から板をへぐ姿を目にしたときの驚きを、わたしは忘れられない。職人のふたつの手のひらが、木を縦に分けて進めば、職人の体を軸に両側に、左右に蝶が羽をひらいたように薄い板がたわむ。二枚のヘギ板は、この世で初めて光を浴びた赤子のように輝く。

野根板割り職人のへいだ板は、主に、網代に組んで、天井、腰壁などとして数奇屋造りの建物につかわれる。ヘギ板を網代に編む技法は平安初期には存在していた。そして、古くは一般の庶民の住宅につかわれていた網代だが、千利休によって簡素静寂を旨とする「侘茶」が大成されたころから、網代は茶室につかわれるようになった。明治時代以降には、網代は和室の高級室内材料となって今日に至る。(『曲物・箍物』成田壽一郎著、理工学舎、一九九六年)しかし、近年、網代にはへいだ板ではなく、ヘギ目をプリントしたものもつかわれるようになり、仕事量が減った。だいたい、割ったり、へいだりすることのできる天然木が入手しにくくなったのだ。

「ヘギ目細工」をする木地屋や野根板割り職人のしごとは、近い将来、良材が枯渇するとともに、この世から消えていく。


職人が木を割る姿は、人を惹きつけてやまない。細い木でつくった鉈や素手で「木を割り」、「木をへぐ」不思議と、木の目の美しさを目の当たりにするからだけではない。職人が樹齢の高い木と向き合い、木と心通わせ、木のありのままを受け入れて、なお、人の心と手で自然の恵みをいただく行為であるからだ。木を割ったり、へいだりするきっかけは人がつくる。そのあと人は、木が割れたいように、割らせてもらう。赤ん坊を取り上げる産婆さんのように、人はその木が生来もつ力を上手に引き出してやる。自然のくれた贈り物を、木地屋は人びとが日々の生活のなかでつかい、楽しむ姿に変える手伝いをさせてもらうのだ。大自然のなかにあって、樹齢の高い木々を相手にする木地屋には、そんな謙虚さがある。

木曾の森の樹齢の高い良材を「へぐ」ことは、真にスピリチュアルなしごととわたしには感じられる。

割る、へぐ、曲げる、綴じる――曲物をつくる

木地には、轆轤の木地屋が木を挽いてつくる「挽物《ひきもの》」や、村地のような木地屋のつくる「指物《さしもの》」、「留物《とめもの》」、「挽曲物《ひきまげもの》」、「コロ曲物」などがある。

＊

村地忠太郎の生まれた家は、代々「指物」、「留物」、「挽曲物」の木地屋であった。いまから五十年ほど前に、木曾福島では「八沢しごと」が衰退し、町から塗師屋がいなくなったため、その後は平沢の塗師屋からの注文で、「曲物」と「挽曲物」を多くつくるようになる。また、平沢からはかつて木曾福島でつくられていた「ヘギ目」の注文が多くなり、いまや、村地忠太郎といえば「ヘギ目」の「曲物」と「挽曲物」の木地屋として知られる。

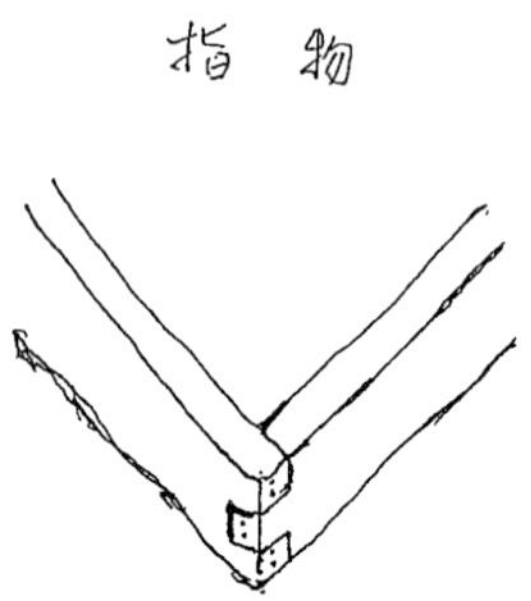

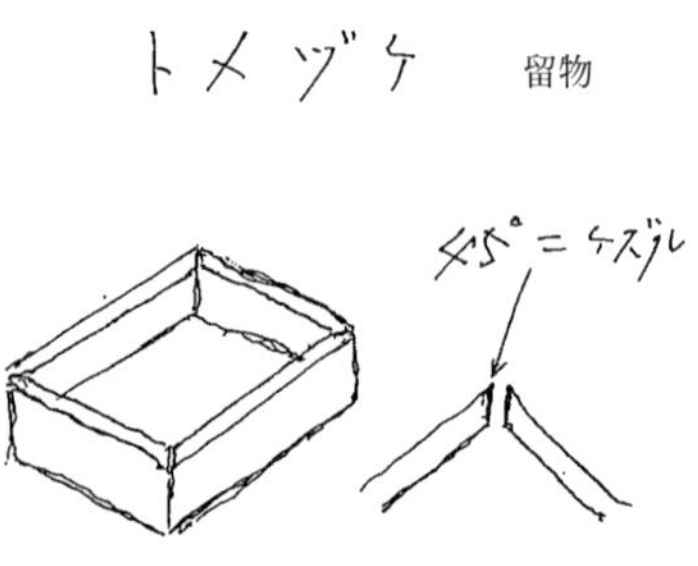

留物

「八沢しごと」では、「丸物」の比率が「角物」より多かったことが過去の資料から類推されるが、師匠によると「『丸物』と『角物』はどちらが多いということはなかった」という。もっとも、木曾福島では「丸物」と「角物」の木地屋は別々だったので、生家が「指物」の木地屋であった師は、そう感じているのかもしれないとも話す。そして、それは、父親とともにつくった「黄春慶の抽斗」の木地を見てもわかるとおり、村地忠太郎の「指物」の木地屋としての技量の高さと、その自負がそう言わしめるのかもしれない。

村地忠太郎は、地元の樹齢二百〜五百年の木曾ヒノキとサワラの、節がなく真っ直ぐで極上とされる材で木地をつくる。製材した板もつかうが、そのほとんどは丸太から手道具だけで木を「割り」、「へいだ」ものだ。

村地忠太郎は機械で挽いた板を「無地」、割ってへいだ板を「ヘギ」という。

そのちがいを次のように説明する。

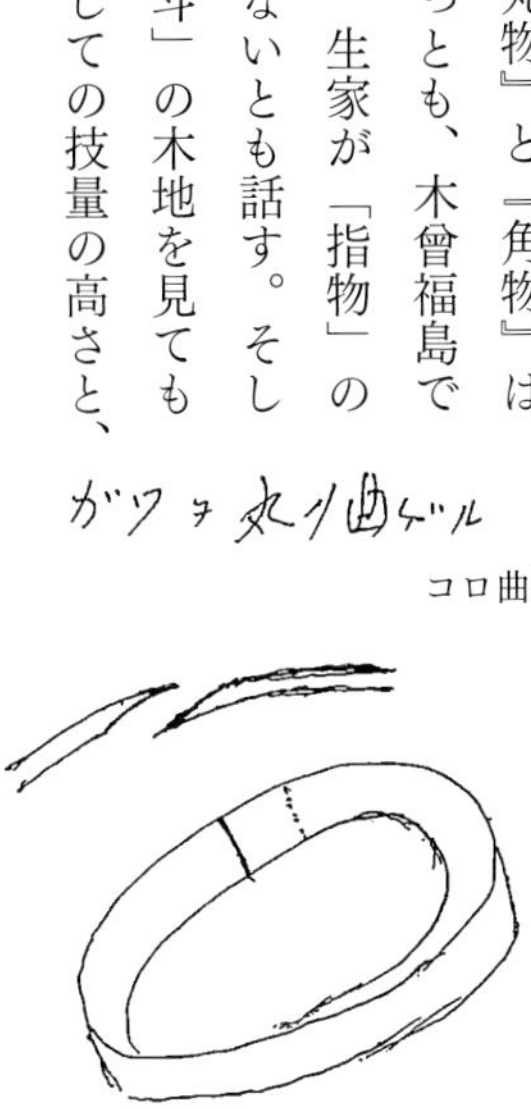

コロ曲物

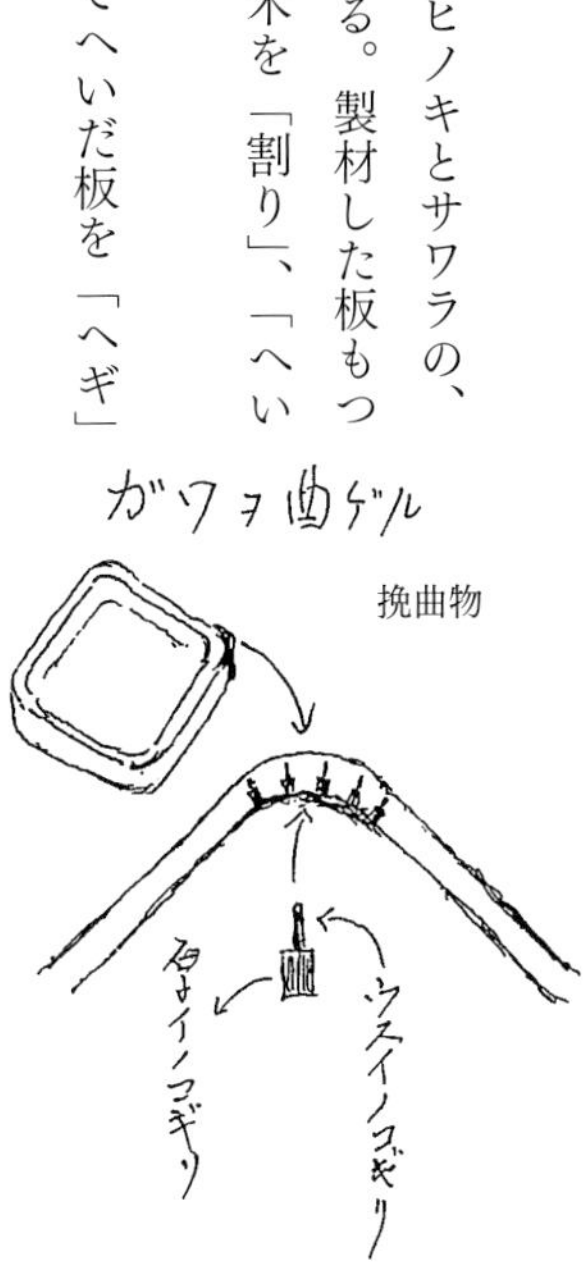

挽曲物

師が「ミシン」とよぶ糸鋸作業。窓のむこうに木曾川が流れる

「木を機械で製材するのは、人間が自分の都合のいいようにつかうためだでな」。

「割ったりへいだりするのは、木の目を活かすことだ。加工せんように、木の自然の状態をそのまま活かすことだ」。

なお、中畑の仕事場にある機械は、五十年前からつかう電動の糸鋸だけで、しごとのほぼ全工程を昔ながらの手作業だけで行なう。糸鋸は木地の鏡板や底板を数多くつくるときにつかうが、数が少ないときは鋸と鉋だけでつくることも多い。

ここ二年ほどは、わたしは随時村地の仕事場に入れてもらっているが、その前から「ヘギ目」曲物の作業工程を見せてもらうことは、わたしの願いだった。どうやって木をへぎ、曲げるのかを知りたかった。木地屋が木をへぎ、曲げるところを、人が見たがっていることを師は知る。しかし、複数の人が道具や材のひしめく仕事場に入るのは難しいし、また、師は「考えながらするしごとだでな」といい、人なかでしごとをして集中力を削がれることを嫌う。

板を曲げるのは簡単なことのように想像されがちだが、木地屋が「ヘギ板」を曲げるまでにはかなり日数と長い作業工程を経なくてはならないことは、あまり知られていない。

「ヘギ目」の木地ができあがるまでの工程は、次のとおりである。

曲物の弁当箱の材料

丸い弁当箱の材料として、次のものを用意する。フタと本体（ミまたは胴体という）の側板（ガワという）を一枚ずつ。鏡板（カガミという）は、一〜数枚の「ヘギ板」を接《は》いでつくったものを一枚。底板（ソッコという）は「無地」のヒノキ一枚をつかうことが多い。もっとも注文によっては、ソッコにベニヤ板やサワラをつかうこともある。

丸太を割る

丸太を購入するとき、その木が「割れる」かどうかは、木の性質を見極める確かな目をもった人にしか判断できない。樹齢の高い、良質で高価な材だから、判断の誤りは取り返しがつかない。

師は「木が割れるかどうかを見分けるには、木の性質や状態を勉強せなならん。木の状態を見極めるのは、どえらいことだよぉ。『木が割れる』ことが、『ヘギ目細工』では絶対条件だからな。木が割れたらそのしごとは九分どおり完成したことだでな」。

「最初の木取りが、『ヘギ目細工』のしごとの全体を支配する」。

「『木を割る』ことは、木の目を活かすことだでな。加工せんように、自然の状態をそのまま活かすことだ」。

「割った木は、目が徹っていて丈夫だ」と、機械で挽いた木とはちがう、その大きな長所を指摘する。

*

村地忠太郎は、割れる木の条件として、最低、次の三つが必要だという。

① 皮（樹皮）が真っ直ぐなこと。

皮を見れば、真っ直ぐに目が徹っているかどうかがわかる。

「皮が捩れとるようだとダメだ。皮は真っ直ぐでないとな」。

② 「ジュントウ」な丸い木。

木の周囲が、円に近い丸い木。「ジュントウ」は順当か。

③ 「シンコツ」が真ん中にある木。

「シンコツ」とは「中心」のことである。

当初、わたしは「シンコツ」の意味がわからなかった。師に問うと、「人間の頭にもあるだろう」といわれ、なお、わからなくなった。よく聞けば、「シンコツ」は「中心」のことで、木でいえば「髄」のことである。人間では「つむじ」のことだという。「昔は赤ん坊が生まれると、すぐにシンコツが真ん中にあるかどうか、たしかめたものだ」、と話してくれた。「つむじ」が人の中心という理解がわたしにはなかった。木曾でまたひとつ、木と人に対するおなじ表現を見つける。

野根板割り職人の西田源一は「人のかまった木は割れない」という。「お宮などにある、人の手の触れた木はダメだ」というのだ。「木はそれだけ微妙なものだ」と。わたしは、人里近くではなく、厳しい自然の只中で育つ気が良いという意味かと推測するが、木の繊細さを語る西田の話が好きだ。六十年間、日々、樹齢週百年の木と向き合い、素手で木と対話を繰り返した人の語ることばだ。

＊

村地忠太郎のしごとには、必ずしも幅広い材は必要ではない。「中に洞《うろ》のできた木は、どういうわけかよくへげる」という。中に洞がある材でも、傷みのない部分をへいで小木工品の木地をつくる木地屋には貴重だ。しかし、製品によっては幅広い材が必要だから、太く長い材があれば、それに越したことはない。また、師は「樹齢が高ければ良いというものではなく、樹齢が高い木にも『伐り時』がある」という。「『樹齢の高い木だから伐らない』ではなく、ボロボロになってなににもつかえなくなる前に、時期を見極めて伐ってやった方が、木も幸せなのではないか」という。これは、伐られた木に新たな命を吹き込む木地屋の考えだ。師はこの世に生まれてきたものを、すべて活かしてやるのが務めだと考えている。森の中で朽ち果てるまで生きるのが幸せか、そうなる前に新たな命を生きるのがいいか、森で何百年も生き抜いた木曾ヒノキに聞いてみなければわからない。

＊

師のつかう木曾ヒノキ材は、木曾郡王滝村か上松町赤沢でとれた天然物だけだ。ひとくちに「木曾ヒノキ」といっても、広い御嶽山系のその育つ場所によってちがうと師はいう。また、「ヘギ目細工」につかう、割ったり、へいだりできる木曾ヒノキやサワラは、樹齢が高いだけではなく、節がなく、真っ直ぐな天然木だ。そのような極上の材は、前の時代にすでに多く山から伐り出され、現在では僅かしか残っていない。

人工林で育つ木は、人が環境を整備してやるので、成長が早い分、目が粗く、粘りがない。過保護な環境で育つ木は、厳しい環境で育ったもののようにはいかないのは、人間とかわらぬようだ。村地忠太郎は、独立してしごとを始めた五十年ほど前に仕入れた貴重な材を、日々、惜しむようにつかっている。ことに柾目の美しいヒノキほど、つかい惜しんで取り置く。そして、「ここぞ」というしごとに、取って置きのヒノキを何十年ぶりかにつかおうとすると、鉋をかけるにも「強《こわ》くてなぁ」ということになる。しかし、木の表面を鉋で削ると、美しい五十年前の木肌がまざまざとその姿を現わす。師匠は「ヒノキは貴い」といい、敬意を払う。わたしには、師がヒノキを押し戴くような思いでしごとをしているように感じられる。

＊

「木を割る」には、鉈と矢（楔）と木槌をつかう。木槌は一本の木から削り出したものである。直径約二尺五寸〜三尺（七十五〜九十センチ）の原木を適当な長さに玉切り、木口の中心を通るように鉈を木槌で叩いて、深さ三分（九ミリ）ほどの割れ目を入れる。そこに矢を幾つか入れ、さらに矢を木槌で叩くと、丸太は目にそって割れていく。中心から二つに割り、さらに四つ、六つとミカンの房のように割っていくので、「ミカン割り」という。

榑《くれ》を割る、へぐ

村地忠太郎が、「曲物」のカガミとガワにつかうのは、樹齢二百〜五百年の、丸太から手道具だけで「割った」サワラと、「へいだ」木曾ヒノキである。

「榑を割る」というのは、金属の鉈を上から木槌で叩いて、比較的短い榑を上から下まで割ることである。盆や弁当箱などのソッコやカガミの材料として、サワラを金属の鉈で、木の目を読みながら、つくるものの厚みに応じて木取る。

「へぐ」というのは、ガワなどにする比較的長くて薄いものをつくるときに、木の割裂性を生かし、樹齢二百年以上の、素性の良い天然木の榑を、さらに薄く裂くように割ることである。へぐときには、カエデなどの丈夫で粘りのある木を、両側を細くした鉈の形に削った「ヘギ鉈」を、金属製の鉈で深さ二分（六ミリ）ほどの割り口をつけたところに入れて、木で木をそぐように割る。木は木地屋の手を借りながら、自ら裂ける。鋸で挽かずに、木を割り、へげば、細かい年輪の繊維が千切れることなく上から下まで徹る。だから、「割った」木は薄くへいでも堅牢である。また、肉の薄いヘギの器は、「品が良い」と師はいう。そして、薄いヘギは品が良いばかりではなく、良質の天然木からより多くの「ヘギ板」を取ることができ、また、それは現代では僅かになってしまった貴重な材料から、少しでも多くの木地をつくれることでもある。また、板は薄い方がきれいに曲がる。いくら目が徹った丈夫なヘギとはいえ、一ミリ厚いだけで、曲げると折れてしまうこともある。

　このところ、厚い「ヘギ板」で木地をつくって欲しいとの注文を受けることがある。そのとき、師はヘギの特質を知って欲しいと注文主に説明を繰り返す。

ヘギ鉈でへいでいるところ

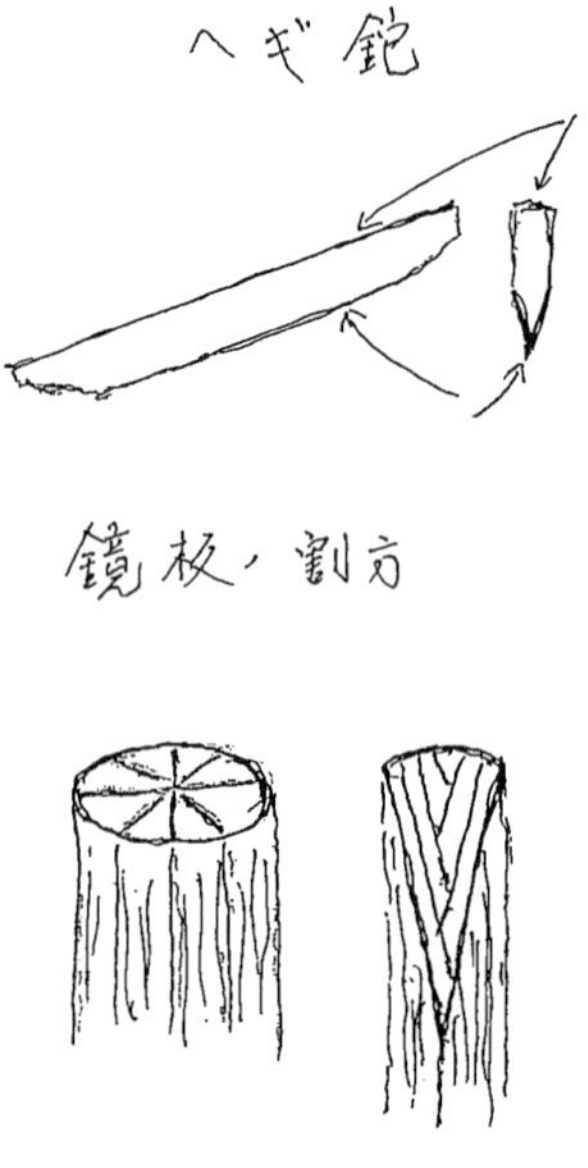

また、最近は、家具でもなんでも一枚板での仕上げが客に喜ばれ、ヘギの木地にもその好みがもち込まれる。「一枚板」も「厚いヘギ板」の木地とおなじく、「ヘギ」で板を取る場合には、それは無理な注文であることを師は話す。それは、次のような理由からだ。

榑は木の中心を通るように割って取るので、その幅は最大でも丸太の半径しかない。曲物の木地はサワラの榑を割ってソッコやカガミにする。三角の榑を端から左右交互におなじ厚みで割っていくから、当然、幅は割るほどに狭いものになる。そのため、ソッコやカガミは、限られた幅のへぎを接《は》いでつかうことになる。製品の幅にもよるが、カガミやソッコは一幅で取れるものはほとんどなく、接がないでよいものは、たとえその幅どおりのものがあったとしても、それは全体量のほんの僅かにすぎない。

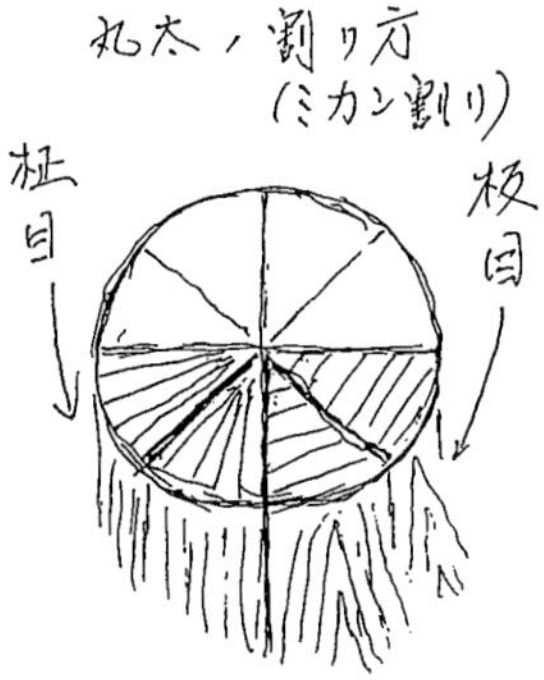

木曾の「ヘギ目細工」は、「ヘギ板」を接いでソッコやカガミの幅にした後、鉋で厚みをあわせた独特の木地に美しさを見出したものである。榑をへぐとき、欲しい厚みから割り始めるのだが、その途中では木の目を切らぬように、木が割れたいように割ってやる。「人間の都合」ではなく、「材料の都合」でへぐため、途中で厚みがかわってくるのが、ヘギの特徴だ。へいだ後、厚みや目が少しずつ異なる「ヘギ板」の、どれとどれを組み合わせて接ぐと美しいかは、木地屋がその美意識をもって選ぶ。「昔はだれも『ヘギの一枚板』なんていう人

はおらんかったがなぁ。ヘギは接ぐのが当たり前だから。どうして、こんなことがわからんかなぁ」と師は嘆く。「ヘギ目」の美しさは知られても、「ヘギ板」がどうやってできるのかを知らないために起こるいきちがいである。

「榑をへぐ」のに、それぞれの木の素性を見極められないと、ヒノキもサワラもへげない。それでも偶数にへぐことは練習を重ねればできるようになる。へぐのは樹齢の高い貴重な材だから、おなじ材から一枚でも多くへいで、限りある材を有効につかおうと木地屋は腐心する。そうすると偶数にばかり割っているわけにはいかなくなる。材を奇数に割るのは、偶数に割るよりも、ずっと難しい。

「昔、偶数にしかへげなかった職人がいてバカにされたものだ」と師匠はいう。なんだか、わたしが家に帰ってやっているヘギの練習を、師に見透かされていそうなそのことばに、思わず俯《うつむ》く。

へいでいくとき木は「キシキシキシ、ギーギー、ミシミシミシ」とそこはかとない音をたてる。いままで耳にしたことのない、木が囁くような幽《かそけ》し音だ。

木曾ヒノキやサワラをへぐとき、音とともに爽やかな香りがあたり一面に立ちのぼる。木をへいだあと、しごとで子どもたちの施設を手伝いにいくとき、わたしが部屋に入って来ると木の良い香がするといわれる。

木地屋は、木と人の間にあって、製品の完成を待たずして、木地をつくる過程にあっても、豊かな年輪を刻んだ木のもたらす喜びを人に伝えるのかもしれないと、わたしは思うことがある。

樹齢の高い木曾ヒノキやサワラの榑やヘギには、数百本の年輪の一本一本が、繊細で緻密な縦の繊維となって真っ直ぐに走り、それは美しいものだ。「糸柾《いとまさ》」とよばれる木目を見ることもあり、これこそ自然のなせる技と神々しくもある。機械で製材された材では味わえない、自然そのものの手触りがヘギにはある。榑を手にすると、山に立っていた木の二百年以上の年月が手のなかにある気がする。人間の技と、山の森林の奥深くで生きてきた木との深遠な出会いをそこに見る。

＊

木曾ヒノキの「ヘギ板」で曲物をつくれば、曲面に当たる光が、さらに横に細かく平行に走る曲線となった目を美しく見せてくれる。「四方《よほう》盆」のように、接いだサワラのヘギのソッコの、高いところに鉋をかけ、四方をヒノキのヘギで囲えば、重厚な油絵が額縁のおかげでさらにひきたつような味わいをみせる。師とふたりで「きれいだなぁ」「ほんとうに……」といいながら、木地屋だけが味わえる贅沢で幸せな瞬間を我がものとする。

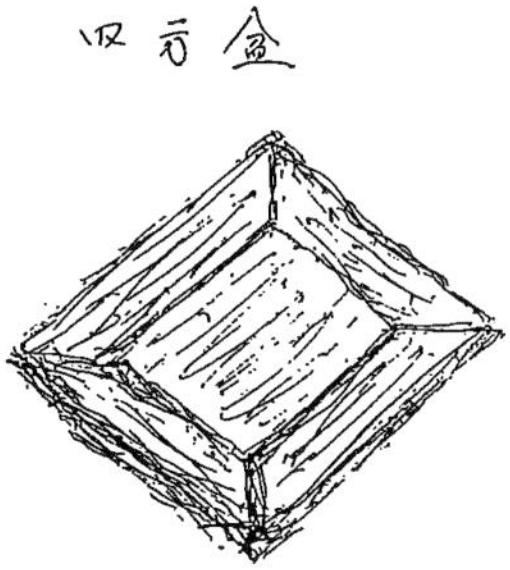

師は「柾目に割れないものは、どういうわけか板目にへげる」という。板目にへぐのは特殊な場合で、そのしごとはほとんど柾目のヘギである。野根板割り職人は、村地忠太郎のような乾いた榑ではなく、

瑞々しいネズコの榑を素手で板目にへぐ。その木表にあたる面は、木裏とはちがう柔らかな光を湛えている。

なお、高山では「春慶塗」に供する木地の種類に「割目」、「批目」などがある。高山の「割目」が、木曾の「へギ目」にあたる。高山で「批目」と書いて「へぎめ」と読むものは、木曾では「起き目」とよぶ。製材した板を鉋で仕上げ削りをしたあと、年輪と年輪のやわらかいところをはがして人工的に目をつくったものである。高山では木を割った屋根板を「くれへぎ」とよぶ。

「割ったり、へいだりして、木の自然をそのまま活かしてやる」。そのためには、木地屋は「木の自然」、つまり「木の素性」を読めなければしごとにならない。師が「木の自然」というとき、そこにはそれぞれの木の性質やその「シトナリ」（木曾や岐阜、中部地方の方言で「育ち」の意）も含まれる。村地忠太郎が木を割り、へいで板をつくるのに機械をつかわないのは、「人間本位」ではなく、「木本位」に、木のありのままを活かすためだ。

弁当箱をつくる段取りを考えるとき、サワラとヒノキのどちらから先にしごとに取り組むか。サワラは割ったあとに、川原で日に干す工程が一～三週間必要である。ヒノキのガワにも曲げてから干す工程があるが、それは材料の性質や天気によっては半日～数日間ですむ。

よって、作業の段取りとして、割ったあと、長い日数、日に干す工程のあるカガミにつかうサワラから、先に取りかかることになる。ガワとなるヒノキは、サワラを干し乾くのを待つ間にへぐ。

カガミをつくる

ミカン割りした榑から、つくるものに合わせた長さを木取る。ちなみに、木には内部の色の濃い部分である赤身と、樹皮の近くの白太《しらた》（アマという）がある。アマは、ほかのしごとでは初めから落としてしまうことが多いが、師はアマが腐っていたり、虫食いがない限り、アマも大切につかう。木取ったサワラの榑を、さらに、厚みに応じて、鉈を木槌で叩いて、上から下にスポンと割る。サワラの爽やかな香が、あたりにひろがる。仕入れてから数十年が経ち、家の外に置き、表面が黒くなった榑でも、割れば中は昨日伐られたばかりのような美しい木肌を見せる。また、何十年も前に伐られた榑も、不思議なことに、中にわずかばかりの水分を含み、しっとりしている。

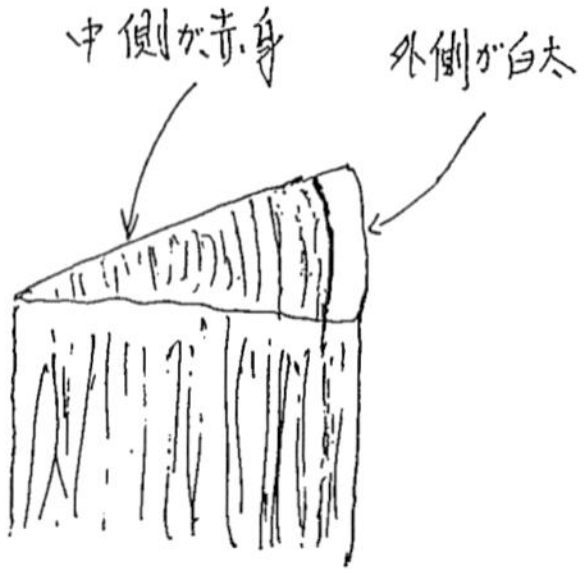

割ったサワラの「ヘギ板」を、天気の移ろいを気にかけながら、毎朝、木曾川の川原にひろげ、表裏を一枚ずつひっくり返しては丁寧に日に干し、夕方に取り込むことを数週間繰り返す。干し始めてから数週間後に材が乾き、「ネジ」（捩れ）が出れば、それを鉋で平らにする。

割ったサワラは接ぐ。接ぎ合わせる二枚の板の木端《こば》面を、長台鉋で平らにし、二枚の板をもち米粉を練った糊で接ぐ。接着後、裏面に鉋をかける。接いだ表面の厚みを調整するために、表にも鉋をかける。糊が乾いたら、底板の型をとり、糸鋸、または、鉋と鋸で型を抜く。

ガワをへぐ

木曾ヒノキの榑から、長さと幅を木取る。榑をへぐ。幅を決める。「ヘギ板」の裏を削る。

胸に「胸当」を紐で結わえる。専用の幅が狭い作業台に乗せた板を、「胸当」の先の部分で板を押さえながら、サットをかける。罫引キで印をつけた厚みまで、材料両脇をサットで削る。サットで削ったヘギを、一昼夜、水を張ったノバカシ舟の中に浸す。水から引き揚げ、サットで削り残した材の真ん中を、鉋で削る。

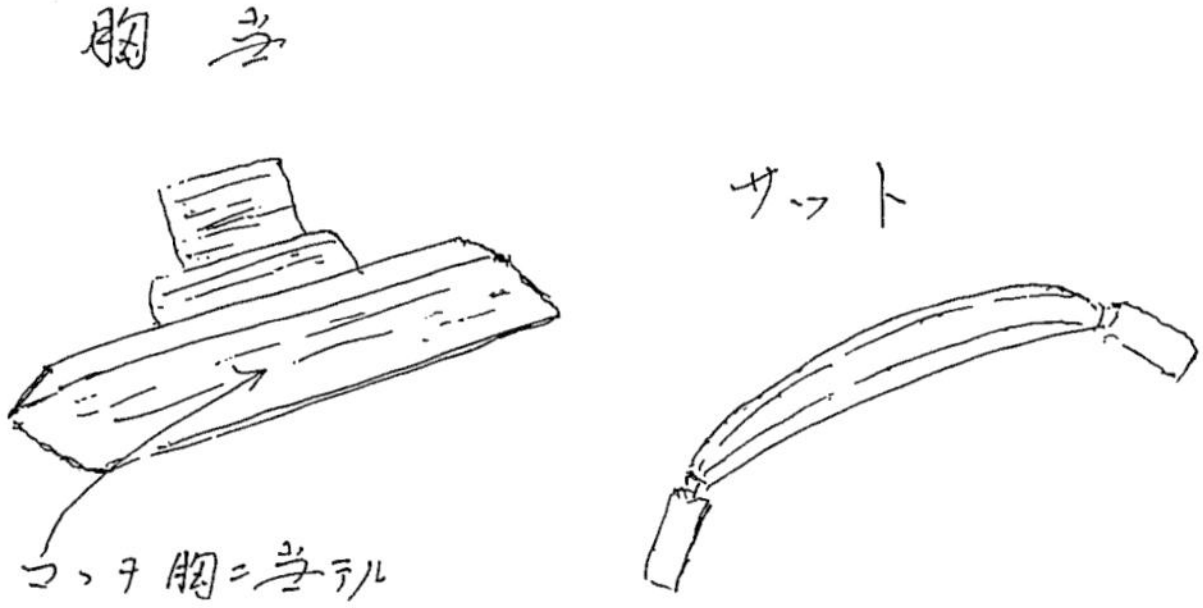

鋸で仕上がりの長さに材を切る。

木前《きまえ》削り

木前とは、曲物の端と端を重ねて綴じたところである。「木前削り台」の上で、木前を削る。

再度、二昼夜～四日間、削った「ヘギ板」を、ノバカシ舟の中で水に浸す。

ガワを曲げる

以上のように、材料を用意する工程が終わると、やっと「ヘギ板」を曲げる工程に入る。

バケツに湯を沸かし、石油コンロにかける。「ヘギ板」をバケツの中に入れ、柄杓で湯をかける。盤ノ板の上で、湯をかけた「ヘギ板」をコロとトタン板の間に挟んで曲げ、ハサミで木前を綴じ、日に干す。ちなみに、昔は、トタン板は、木の皮をつかったといい、奈良井の小島は、町角に用意されている消防ホースの古いものをふたつに裂いてつかうとよいといった。

熱湯をかける

コロをつかって曲げる

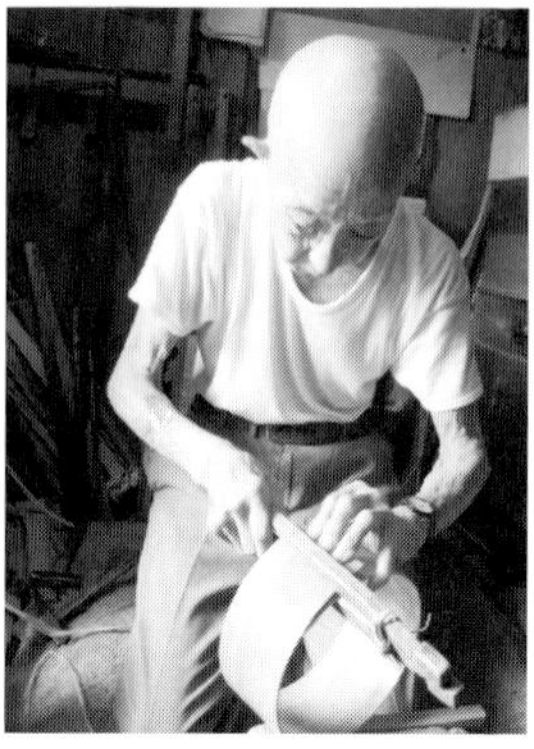
ハサミで挟んで形をつくり乾かす

ガワを綴じる、カンバで縫う

乾いたら、木前が「右上」になるように、もち米粉を練った糊か木工用ボンドかで接着する。昔は膠《にかわ》もつかった。糊が乾いたら、木前に「キサシ」で、切れ目を入れる。木前の綴じには山桜の皮をつかう。山桜の皮を「カンバ」という。コロをつかい、曲げたヘギの木前をカンバで綴じる。

二十年ほど前までは、名古屋から行商の「カンバ屋さん」が、木曾福島まで桜の皮を売りに来ていたのだそうだ。師匠はそのときに仕入れた質の良い、丈夫で色のきれいなカンバを持っている。近年、カンバの入手は困難である。

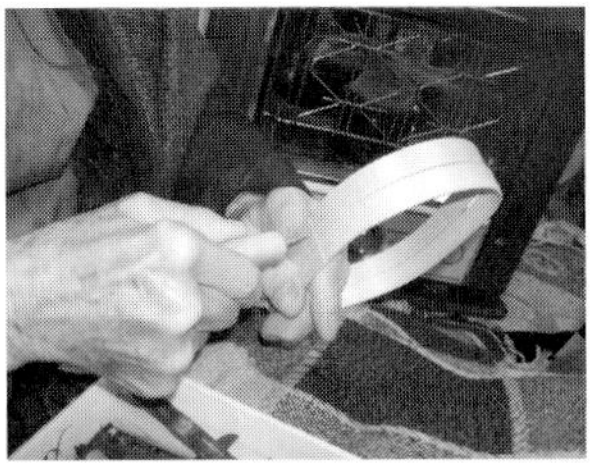
キサシで切れ目を入れる

カンバで綴じる1

カンバで綴じる2

ソッコとカガミをガワに入れる

ソッコに「無地」の材をつかうときには、その表裏に鉋をかける。

用意したソッコやカガミの板を、糸鋸、または、鉋と鋸で型を抜く。

カガミはフタのガワに入れ、ソッコはミのガワに入れる。

以上の工程を経て、「ヘギ目」の曲物は完成する。

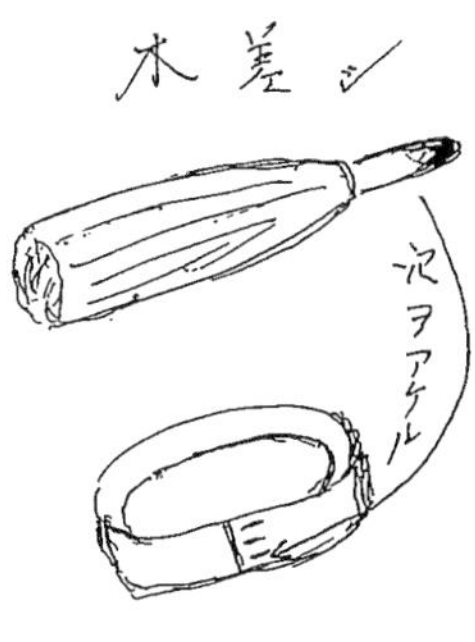

一番手前にみえるのがカンバで綴じた木前

《木前》

村地忠太郎は、木前をとてもたいせつにしている。木前が曲物や挽曲物の、「正面」であるからだ。木前は、必ず「右前」にして綴じる。「左前」は「逆木前」といい、「縁起が悪い」とされる。ただ、深ぶたの弁当箱は、ふたも器としてつかうために、ふたを開けた状態で、木前が「右前」にくるようにつくることがある。

茶道の流派によっては、「丸前、角向こう」といい、丸い器の木前は前に、四角い器は木前が向こう側に置くとされる。しかし、木曾では木前は正面、手前に置くことになっている。わたしは、木前がうしろに置かれてある展示や写真を見ると、なんだかこけしの体はこちらを向けて置いてあるのに、顔がうしろを向いているようでとても奇妙に感じ、手を伸ばして、すぐに直してやりたくなる。

木前のカンバは飾りではなく、曲物の端と端をしっかり止める役目を負う。たまに、器の内側のカンバを塗りの過程で切られることを師は嘆く。塗師屋は塗師屋なりの考えがあってのことだが、大切な木前が切られてしまうことは、木地屋にとってなにより切ない。また、カガミやソッコの木目は、綴じ目に平行になるように入れる。わたしは曲物の絵で、木前の位置を意識しないカガミやソッコの木目の描き方を見ると、気になってしかたがない。

木地屋は、こうしてできあがった木地を、見事な木曾ヒノキやサワラの「ヘギ目」を活かした塗りをしてくれることを祈り、木地を塗師屋に引き継ぐ。

原木を割り、へぎ、さらに木地の仕上げまで、村地忠太郎の手だけを通してできあがった製品のひとつひとつが、わたしは愛しい。詩人で彫刻家の高村光太郎のつくった小さな木彫の作品を、妻の智恵子がいつも懐に入れて持ち歩いたと聞く。わたしには智恵子とおなじように感じられる村地忠太郎の木地なのだ。

＊

師のお遣いで、ときに納品に出かけるが、わたしは注文してくれた塗師屋に製品を手渡すとき、師匠がついこの間まで手をかけていた製品と別れ難い気がして、いつもつらくなる。塗師屋の注文する製品を誠心誠意つくって渡すことが木地屋のしごとなのだと承知していても。「またつくるでぇ」と師匠がいう。「このしごとは、好きでなくてはできんでな」と、励ましてくれることも忘れない。

＊

木地屋村地忠太郎が、いまも昔もつくりたい漆器がある。

「床の間に飾っておくようなものじゃあ、しゃあない」。

芸術品ではなく、価格が安く、一般の人が気楽につかえるようなものにしたいのだという。

「漆器の値段が高くなり、庶民生活から離れていくようなことをすると、お客さまからそっぽを向かれ、人の足も遠くなる」と心配する。

昔のように、人びとが日常の生活のなかで、漆器を気楽に楽しんでつかってもらいたい。村地忠太郎の木地屋としての思いである。

木は友だち、木は家族

二〇〇八年、夏。

木曾福島では、夏の到来を喜ぶように、四月の終わりから地区ごとに祭が催され、七月の勇壮な夏祭り「神輿まくり」をピークに、一気に盛り上がる。催しを支える消防団やボランティア、役場の人たちが甲斐甲斐しく活動する木曾谷の夏は、躍動感に溢れる。八月に入ると、連夜、町では踊りが見られる。

＊

「神輿まくり」は、毎年七月二十二日と二十三日に行なわれる。わたしの住む上ノ段でも、区ごとに旗を立て、初日の早朝には、皆が出て、注連縄を家の軒先と軒先を結んで張り巡らせる。日中は、天狗を先頭に、神輿がお囃子や多くの行列に先導されて静かに町なかを練り歩く。家々の前で、「惣助」、「幸助」といいながら神輿を上下する。生まれたばかりの赤ん坊を神輿の下をくぐらせる慣わしもあるので、ときどき、驚いた赤ん坊の泣き声も聞こえる。ちなみに、惣助、幸助が頭に乗せる烏帽子《えぼし》は、二十年ほど前に村地忠太郎が頼まれてつくったものだ。

夜になると、町で大きな花火が打ち上げられる。わたしは仲間とブルーシートの上で花火見物だ。東京とはちがい、混雑のない家の近くでの花火見物は堪えられない。

二日目の夜には、勇壮な「神輿まくり」が行なわれる。「まくる」は転がすことだ。白い麻の装束の枠持衆《わくもちしゅう》が、夜の早い時間には八沢通りで白木の神輿を「横まくり」する。転がした白木の四百キロの神輿がドタンと大きな音がして地面に着くと、わたしは目を閉じる。神輿の上に乗っていた枠持衆は瞬時に飛びのくが、いつも誰かが足を挟んだのではないかとドキリとする。

「神輿を担ぐ男の衆は、この日に備えて精進潔斎をしているから、神々しいわよぉ。光り輝いているみたいよぉ」と町の女の人はいう。

神輿が本町通に向かうと「縦まくり」が始まる。観光客が道の両脇に溢れ、神輿を転がす荒々しい祭りは最高潮を迎える。「縦まくり」は「横まくり」の何倍もダイナミックで、さらに大きな音がする。わたしは、最後に神輿を壊してしまうまで見ていたかったが、ひとりで大勢の人を縫って歩いていたら、木曾では慣れない人波に酔い、途中で引き揚げた。祭り見物はひとりじゃつまらない。来年こそは、誰かと連れ立って来よう。

八月十三日、「たいまつ行列」の夜、スピーカーから木曾節が流れる八沢の商店街を歩いていると、どんなときも会えばわたしを愉快にしてくれる、近所のおばちゃんと行き合う。このたびは「木曾踊りを教えてやるから」とわたしに路上で踊りの指導を始める。横を通り過ぎる外野が「そこはちがう」などといった日には、おばちゃんはむきになって、知り合いを次つぎに捉まえては、「そうじゃないよねぇ」と相槌を求め、熱心に指導してくれる。そのうちに、親切な人が木曾踊りを図解したパンフレットを家から持ってきてくれたので、これ幸いとわたしは紙を手に、花火会場の小学校校庭へと逃げ出す。

わたしの住む上ノ段と、かつて多くの漆器職人が暮らした八沢は隣り合わせだ。八沢川の上流の蛍見物には、この衆にクルマで連れていってもらった。数少ない蛍を遠目に追い、町に帰っては居酒屋でビールのジョッキを傾け、夏の宵を近隣の人びとと愉しむ。

むせ返るような暑い夏は、盆が終わるとともに去り、風は初秋の匂いをはこんでくる。八月下旬に、県外の人が多く集まる「木曾音楽祭」が終わるころには、日の暮れるのがやけに早く感じられるようになる。

この夏の盛りに、木曾福島では蟬が鳴かなかった。また、盆過ぎに多く見かけるはずのトンボの姿が、ほとんどない。「なにか起こらなければいいが……」と、町でいきあう人が不安顔でいう。師も「八月が終わらぬうちからこんなに寒いのは、経験がないよぉ。雨が少なかったしな」と、町の人びとおなじ懸念を口にする。自然の只中で暮らす人びとは、地球の変化を肌身で感じ、第六感で何かを予知しているのかもしれない。

＊

町では、毎日、午前六時・正午・午後五時の三回、時を知らせるチャイムが流れる。

わたしが暮らした東京で、午前六時にチャイムが流れたら、住民からたいそう苦情が出るだろうが、木曾では誰もが早起きだからなんの支障もない。町の人は「昔より静かになってよかったよぉ」という。以前は早朝に大きなサイレンが鳴り響いたそうだが、いまは低い二音の繰り返しだ。

夕方には「故郷」のメロディが流れる。

夏の三ヶ月間、正午のチャイムは、「木曾節」のメロディだ。

〽木曾のナー　中乗りさん
木曾の御嶽さんはナンヂャラホーイ
夏でも寒い　ヨイヨイヨイ
ヨイヨイヨイノ　ヨイヨイヨイ

ちなみに、わたしは木曾に暮らして三年になるが、夏の日中はかなり暑い。「こんなに暑いのはここ三年ばかりのことだ」と町の人はいう。とはいえ、朝夕は涼しく過ごしやすい。九月になると、「木曾節」のメロディは、藤村の「椰子の実」に変わる。

＊

正午に流れるチャイムを遠くに耳にしながら、仕事場で手を動かしつづける師匠の腕時計をふと見ると、十時を指している。師匠は「いやぁ、今日はずいぶん日が長いなぁと思うとった。あれ、時計がぐれとる」といい、すぐにしごとを措《お》いて、座敷に上がる。

「時計がぐれる」。真剣な作業の合間の、師のお茶目な物言いに嬉しくなる。「ぐれるのは非行少年だけかと思った」とわたし。村地にかかれば、人も木も時計もぐれる。いや、木曾では師だけではなく、また「ぐれる」のほかにも、年配の人はそのような言い方をする。なにに対しても、人とおなじような気持ちを抱く木曾の人びとの、思いやり深い優しい響きを感じる。

＊

師は一年間を通して、年末年始と特別な用事のある日を除いて、土日祝日もしごとを休まない。十五年ほど前から一緒に住むようになった万郡の娘一家の家から、中畑の仕事場までの十五分ほどの距離を、長い坂を下りながら歩いて通う。雨の日も、雪の日も、台風が来ていても、午前九時前には川端の仕事場に到着し、夜六時までしごとをつづけ、また坂を上り帰途に着く。いつもかなりの早足で背筋をしゃんと伸ばして歩く。町の人びとは「高齢の村地さんが歩くのを見ては、我が身を振り返る」という。通勤の時間に、師はその日の仕事の段取りを考える。仕事場では、時をおなじくして何種類かのしごとが重なることが多い。種類はちがっても、それぞれのしごとの工程をほかのものと合わせる段取りを考えるのだ。

また、仕事場では眼鏡は不要であり、慣れた人との会話に補聴器はいらない。しごとをするのに、不自由ない視力を維持している。「長年の勘を頼りにしているのでは」という人があるが、そうではないのはわたしが横で見ていて間違いない。初対面の客や塗師の注文を受けるときにだけ、眼鏡と補聴器をつけるが、それも「相手に失礼がないように」とのことだ。

休み時間には座椅子に座って、眼鏡をかけずに新聞二紙や文庫本を読んでいる。社会情勢には詳しいし、小説は松本清張が好きだと聞いたことがある。テレビも楽しむ。むろん、炬燵にあたりながら曲物の綴じをしていたり、組子を組み立てていることもある。いつもなにかしている。「なにもすることがないのは、つまらないだろうなぁ」としみじみいう。

「体調が悪い」、「疲れた」というのは聞いたことがない。風邪はしごとをしながら治すし、しごとの合間に横になった姿も見たことがない。師の具合が悪いとき、病院へ行くことを勧めるわたしに、「自分で原因も治し方もわかっとるのに、なぜ病院へ行くのか」といい、時間はかかったが見事に治してしまったこともある。病いも、突然降ってくるトラブルも、自らの力で上手く処してしまう師である。

初めて会ったときから、わたしは村地忠太郎を「老人だ」と感じたことがない。九十一歳の師との話は、技専の四十代の同級生と話しているのとおなじ感覚だ。シャープな切り返しと、当意即妙の会話に笑い転げることが多い。会話のやりとりを愉しむ客が同席していると、さらにその頭脳は冴えをみせる。川端の仕事場で長年ひとりでしごとをつづけてきた師であるが、社会性に富み、人間関係の機微にもよく通じている。年輪を重ねた智恵深い人であるのは確かだけれど、その感性はまことに瑞々しく、まったくもってその年齢を思い起こすことはない。だから、ときに仕事場を訪ねた客が、別れ際に「いつまでもお元気で」と年寄りを労わる挨拶をして帰られるとき、わたしは大いなる違和感を感じるのだが、ご当人はなおのことだと思うのだ。

自立心が旺盛で、また、自分を律して生きてきた人でもある師は、九十一歳のいまも、「人に頼むようになったらお終いだと思う」となにごとも人を当てにしない。

曲物をするたびに、仕事場の上の階にある台所で湯を沸かし、ブリキのバケツに煮えたぎった湯を入れて、階段を十二段下りては仕事場に運んで来る。初めてその姿を目にしたときに、わたしはとっさに代わろうとしたが、師は「大丈夫だ」といい、その後も一度として、わたしに手伝わせることがない。それればかりか、仕事場の掃除も、茶を飲む湯を沸かすことも、すべて師匠がひとりでする。座敷の炬燵やストーブを出すなどの夏冬の部屋の模様替えも、わたしが帰宅した後に師匠が済ませており、翌朝、戸を開けてみれば、前日とはちがう部屋の様子に驚く。

村地忠太郎が今日まで元気でいるのは、もともと頑健な体に生まれついたのかもしれないが、「親からもらった丈夫な体」だけでは説明がつかない。体つきは頑健という感じではなく、むしろ細くしなやかである。そのいまは、自身のたゆまぬ努力と生きる姿勢の賜物《たまもの》である。そして、木曾の自然と、もしかしたらいつも師を取り囲むようにある樹齢数百年の材が発する神秘的な力に長年培われてきたのではないか、とわたしは思うことがある。

村地忠太郎はいつも穏やかで、怒らない。木地屋のしごとは木が相手とはいっても、人間関係を介して成り立っているので、ときに軋《きし》みが生じる。理不尽な話だってある。そのようなときに怒るのはわたしひとりで、師匠に「いちいちアンタみたいに怒っていたら、しごとにならん」と諭される。師は「おかしなことだ」とはいうものの、最後にはいつも「お客さまはお客さま」と顧客を大切にすることばで話を締める。それは、どんなときでも、自分の腕一本で勝負をする木地屋としての自信がいわせるのであろう。塗師屋の要望を最大限叶えるような木地をつくるのが、自分のしごとと任じている。

東京で生まれ育ったわたしは、話の接ぎ穂に「はい」と小さく自ら合いの手を入れながら、よどみなく話し続ける村地忠太郎の木曾弁を聞いていて厭きない。地元の人に「木曾のことばは耳に心地良くて、美しい」というと、「木曾弁がきれい？　きれいなのは東京のことばでしょう」と反問されたことがある。そんなことはない。師匠の話は、まるで節回しの巧みな即興の唄を聴いているようだ。

地元の七十代の男性は、「村地さんの話すことばは、昔の木曾の人が話していたことばだ。もう、ほかに話す人はないかもしれんな」という。昔の木曾弁で話す師匠は、仕事場にこもって、何十年もひとりでしごとをつづけてきた。耳にするのは、木曾川の川音だけだとすれば、そのことばはほかに影響されることもなく、純粋に師自身のなかに残されてきたのだろう。もちろん、環境ばかりではなく、確固たる意思と慎重な振舞いもそこにはある。

しごとが終わったあとの師との茶飲み話は、毎日、話題に困ることがない。都会からやって来て木曾に暮らすわたしの身の上には、日々なにかが起こるし、師の今日までの来し方行く末、その鋭い人間観察や世事分析はたいそう面白いものだから、わたしはいつまでも内容の豊かな美しいそのことばを聴いていたくて、つい座敷に座り込んでしまう。

＊

いつか人に「あなたにとって木はどんな存在か」と問われたとき、村地忠太郎は「木は友だち、木は家族」とにこやかに答えた。わたしはこのことばを忘れない。

村地忠太郎は孤高の木地屋だ。父や兄から独立し、叔父に死なれて、ひとりでしごとを始めて、すでに五十余年の年月が経つ。傍からみると、師は中畑の仕事場でじっとひとりでしごとをしていることが苦ではないように見えるが、その長い年月、ほとんどの時間をずっと一緒に過ごしたヒノキやサワラを友だちや家族と思い生きてきた。その人柄は、淋しさに耐えた強さに裏打ちされたものである気がする。

村地忠太郎にとって、木は身近で愛しく貴いものだから、日々おなじ気持ちで木に向き合い、木と語り合いながら、しごとを進める。「まるで修行僧のようだ」とその対極にいるようなわたしは思う。

＊

師は川端の仕事場で、毎朝午前九時から、休み時間を取らずに、二時間半ほどはぶっ続けに手を動かす。いつも段取り良く流れるような手さばきで、しごとを進める。そして、左腕にはめた黒い腕時計で時間を確かめては、しごとが一段落する十一時半ごろに仕事場から座敷に上がる。

木曾弁を話す師匠が、しごとの区切りを告げるときだけ、軽い調子で「一服しましょか」と、ニコリとしながら、おすましないい方をする。わたしはしごとが一段落した安堵感とともに、詰めていた息をふーっと抜くようなこのオシャレな師の物言いが好きだ。その黒い腕時計は、以前、本で目にした、作業風景の写真に写っていたものとおなじだと、師の許へ来てすぐに気づいた。憧れの人のことは、ファンは腕時計だって見逃さない。

日ごろ、時計を見て時刻を確かめ、しごとを措く師の習慣に違和感はなかったが、「時計がぐれた」

ときに、わたしは初めてそのしごとに取り組む勢いとわたしへの心遣いを知る。
村地忠太郎が時刻を確認して休憩を取るということは、もし時計を見なければ、疲れも感じずにいつまでもしごとをし続けるということではないか。そして、もしかしたら、師はわたしの昼食時間を気遣い、昼前にしごとを終わらせるようにしているのではないか。師の昼食は遅く、午後三時過ぎに自らつくって食べるのだから。

しごと中の師匠。その左腕には黒い腕時計

「このしごとは、しごととはいっても好きでなくてはできんでなぁ」と話す村地忠太郎は、割りに合わない木地屋の手間賃や、道具からつくらねば取り掛かれない木地屋のしごとの話をしているのかと思えば、そうではない。それよりなにより大好きなしごとへ想いを、師の半分ほどの年齢の、遠来の轆轤の木地屋に語っている。とにもかくにも村地忠太郎は木地屋のしごとが大好きなのだ。

昼過ぎにわたしが帰宅した後も、師が熱心にしごとをつづけているのは、翌朝仕事場に来てみれば一目瞭然だ。作業途中だった製品が、完成品となって座敷に鎮座している。「しごとのつづきを見たかった」とわたしがいえば、師は「またやるで。そのとき見ればいい」といってくれるが、わたしはやっぱり悔しい。おなじ木地づくりが、次はいつになるかわからないからだ。

木地は生鮮食料品とおなじで、つくり置きができない。つくり置いた木地はヤニがふいたり、汚れたりして、商品にならなくなる。木地屋は塗師屋からの注文があって、初めて木地をつくる。塗った製品を積んでおくことのできる塗師屋とは、まったくちがう厄介と危うさが木地屋のしごとにはあるのだ。

ものづくりの心

村地忠太郎は、創意工夫の人である。

師が大切にしているのが、木曾のことばで「カンコウする」ことだ。それは、自ら考え工夫をするの意だ。町の人は、「カンコ」とも「カンコウ」ともいう。どのような漢字を当てるのかと聞いてもわからない。「勘考」ではないかと考えるが、詳細は不明だ。その後、「カンコウ」は名古屋でも、高山でもつかうと教えられた。常日ごろから「木曾春慶」は飛驒からやって来たのだと師匠はいうが、ことばにも岐阜や愛知と共通するものが多い。ちなみに、村地忠太郎の五代前の先祖は山村代官について愛知県犬山市から来た桶屋である。

師匠が「カンコウするように」というとき、それは基本的なことを学んだら、あとは自分で考え、工夫してやってみろということだ。やってみてわからないことは、いくらでも聞いてくれという師でもある。自身もそうして職人生活を全うしてきたにちがいない。

「カンコウすること」こそ村地忠太郎のしごとを貫く精神である。ひとつひとつの製品の隅々にまで、師の「カンコウ」した軌跡を辿ることができる。

その精神は高齢のいまもすこぶる健在で、わたしは舌を巻くことがある。「できない」といってしまうことが、師は好きではないのだ。できないと思ってもとにかくカンコウしてみる。

＊

一昨年、師は塗師屋から「組子《くみこ》」のしごとを頼まれた。過去に組子のしごとをした経験はなく、仕事場には糸鋸のほかに機械はない。いくらなんでも、いまどき組子を機械をつかわず、鋸と鉋だけで完成させるのは並大抵なことではない。「無理だから、断ろうと思う」と師はいい、「そうですね」とわたしは当然のように相槌を打った。

しかし、一週間後、師匠がなにをしているかと見れば、なんと組子に取り組み始めている。九十歳を過ぎて、いままでまったく経験のないしごとを、カンコウしながら始めたのだ。見本で送られてきた製品は、明らかに機械でつくられたものであった。師は手持ちの鋸のなかでいちばん刃厚の厚い鋸を選び、溝を切りながら作業を進めた。材料ができあがっても、細かく組んでいくのはなかなか煩瑣なしごとで、あの穏やかな師匠をもってしても、「癇癪を起こしちまいそうだ」といわしめた。そして、とうとう期日には、師匠は塗師屋の注文どおりに、機械でつくられた見本よりもきれいな製品を完成させた。

それればかりではない。師は「組子のしごとが面白くなってなぁ」と注文のしごとが終わっても、さ

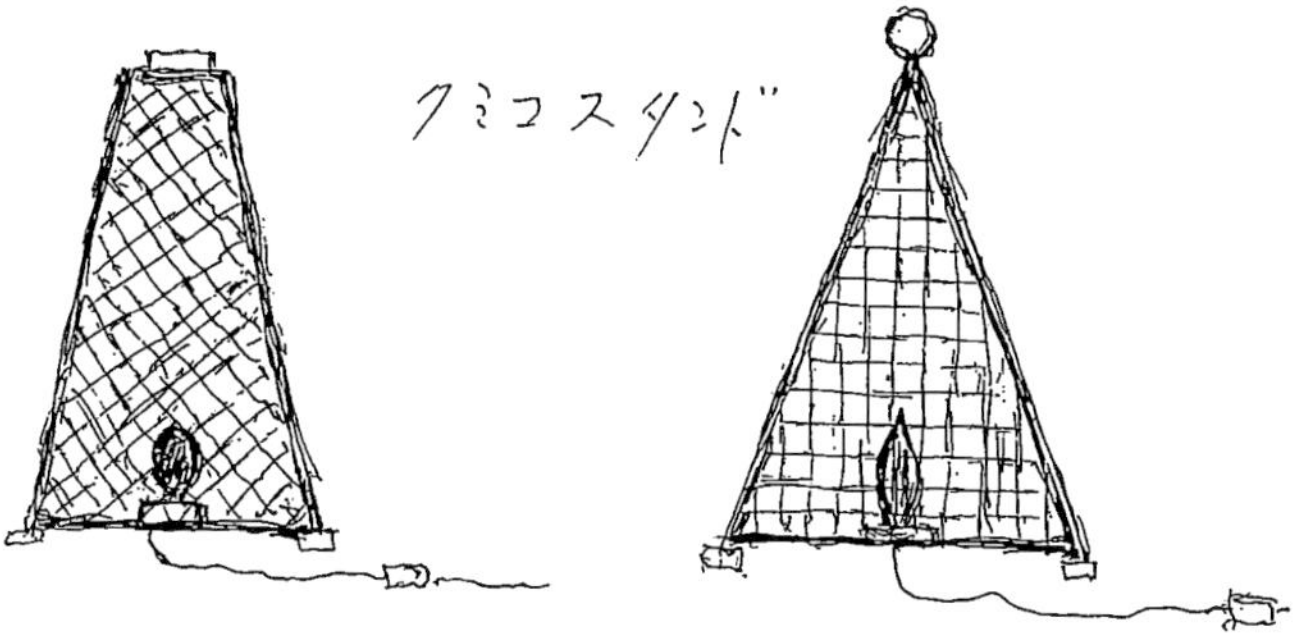

まざまな形の組子を独自に考えては、本来のしごとの合間に幾つもつくり始めた。注文でないしごとに熱中する村地忠太郎は、新しいことに夢中になる少年のようだ。五角形の菓子鉢をつくったかと思えば、小さな照明をつくり、十二月になれば幼い曾孫へのクリスマス・プレゼントだと、とんがり屋根の組子の灯りをつくり上げた。

*

木曾には、姉を「あんね」と呼ぶ優しい響きのことばがある。

村地忠太郎は、昨秋、五人兄弟のなかで、たったふたり残った六歳年長の九十七歳のあんねのために「盆」をつくった。最近少々足元が危うくなったあんねが、手付きの盆があったらいいと弟に頼んだのだ。このときも弟は、高齢のあんねのつかいやすい盆の形をカンコウし、盆と手をつないだところをカンバで綴じ、美しくつかいやすそうなデザインの盆をつくった。師は心から愉しそうにしごとをしていた。

日々その傍らで、村地忠太郎が人びとの日常の道具をつくる姿勢に接するとき、わたしは学生のときに読んだ太宰治の河盛好蔵宛の書簡を思い出す。

手付長手盆 へぎ目

「人偏に憂ふる、と書く優しさ」について。

人を憂へる、ひとの淋しさ侘しさ、つらさに敏感な事、これが優しさであり、また人間として一番優れてゐることぢゃないかしら、そうして、そんな、やさしい人の表情は、いつでも含羞《はにかみ》であります。

（『太宰治全集11巻』筑摩書房、一九七二年）

使い手の日常に深く思いを致してつくられた道具はやさしい。そして、作り手の村地忠太郎は、わたしからみるとじれったいくらい「含羞の人」でもある。

＊

「カンコウ」ということで忘れてならないのは、村地忠太郎が六十歳代半ばに考案した「サワラの灯り」だ。ほかの誰もがカンコウしなかったものだ。

サワラを厚さ四厘（一・二ミリ）ほどにへぎ、さらに裏を鉋で削り薄くして、サワラの薄赤い板を光が透るようにした灯りだ。師匠の技をもってして、初めて光を透すサワラの灯りができたのだ。丸い筒状の灯り、板の一枚一枚をS字に曲げたチューリップ型の灯り、スタンドの笠状の灯り……。サワラの薄い板を透り抜けた光は、あたりをほんのり薄桃色に染め、温かな優しい光を見る人に投げかける。

この灯りには村地忠太郎の卓越した技を見るとともに、わたしは師の強い心をも感じる。木曾の樹齢の高いヒノキとサワラを熟知した木地屋だけが知るその美しさを、より多くの人に知ってもらいたい想いと、塗師屋を頼らない製品をつくりたかった木地屋の意地。

村地忠太郎の許に来たとき、「木地と漆の両方を学びたい」といったわたしに、師は「アンタは欲張りだなぁ」と呟いた。かつて多くの塗師屋が町にいて、身近に漆もあったのに、木地屋と塗師屋は完全分業であったから、師はまったく漆には手を出さず、木地一本に心を注ぎ、しごとをしてきた。また、当時は、木地屋ひとりと塗師屋数人が組みになり、両者が一体となったしごとの流れができていた。

しかし、時が経ち、師匠は「木地と漆の両方をやっていかねば、木地屋は木地だけでは生活がしていかれん。塗っていない木地は半製品としか扱われんからな」とそれは哀しそうに心の内を語ってくれるようになった。精魂込めてつくった木地が、塗装していなければ「半製品」と扱われる悔しさを、村地忠太郎はこれまで八十年近くもの間ずっとかみしめていたはずだ。

漆器がつくられる工程のなかで、木地屋の置かれてきた立場を、師は語ろうとしていた。木地屋と塗師屋の力がひとつになって、初めてできあがる漆器だが、歴史的に完成した漆器は塗師屋の名で世

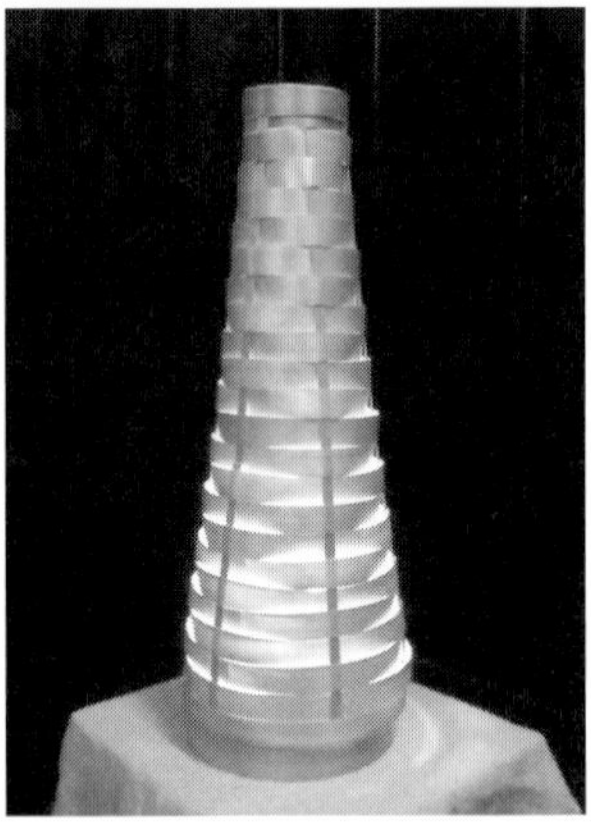
サワラのヘギ板を通して届く優しい光
（撮影：小泉光）

に出て行く。木地屋の名はそこにはない。

＊

年輪を重ねた木曾の天然木のヒノキやサワラ材は、白木のままで、喩えようもなく美しい。漆を塗り、木の素のままの表情を隠してしまうことを残念に思う気持ちが、木地屋にはある。常日ごろ、木曾ヒノキやサワラの白木の美しさに触れている木地屋だけが知る喜びを、大切な人にも伝えたい気持ちを抑えられない。そして、かねてから、木地屋の腕だけで完成させた製品を直接人びとに届けたい想いが村地忠太郎には強くあった。

灯りならば白木のままで、木曾の誇る樹齢の高いサワラのすばらしい木目を人びとに楽しんでもらえると師匠は考えたのだ。むしろサワラは白木でなくては、木曾の自然がくれた薄赤い光は人びとに届かない。

村地忠太郎と出会って月日が経ち、わたしは少しずつ木地屋として長い年月を生きてきた師匠の心を垣間見ることができるようになった。日ごろ父のように慕う師匠と立場を代えて、ときにわたしは母が我が子を抱きすくめるように、師が八十年近い職人生活のなかで味わった、しごとをする喜びや悲哀、そして、悔しさをも我が胸にしっかり抱きとめながら、木地づくりを学んでいきたい。師が「カンコウ」する源となったその心根に思いを馳せながら。

木地屋の明日

二〇〇八年八月七日。

旧暦の七夕、木曾福島の町並みには七夕の笹が飾られる。わたしの住む上ノ段「木地の館」では、初めてこの年二本の笹を立てた。笹の細い枝には、俳句が書かれた短冊と、色紙でつくられた飾りが下がる。

「木地の館」の笹につるされた短冊はサワラの「ヘギ板」である。町の俳句愛好家の人たちが句を詠み、「ヘギ板」に書いてくれた。七夕の句とあれば、ロマンチックなものもあり、多くの短冊のなかから恋の句を見つけては、ひとり嬉しくなる。日ごろ、思いを内に秘めて暮らす木曾の人が、「ヘギ板」のなかでは大胆に伸びやかに詠い、わたしは思いがけず木曾の人の心と近しく繋がれた気がした。

七夕や光の帯の夜汽車行く
眠らずに木曾の銀河を仰ぎけり
七夕や召されし兄を迎えたし

織姫の待ちに待ちたりこの夕べ
星祭恋に溺れし時もあり

わたしが「ヘギ板」を七夕の笹に飾ったのは、生駒勘七著『木曾の庶民生活――風土と民俗』（国書刊行会、一九七五年）を読み、この風雅な七夕を再現したいと考えたからだ。

木曾福島町では明治の中頃まで、一と月おくれの八月七日に行なわれた七夕には、竹の枝に短冊とともに正方形や長方形のヒノキのウスヘギに漢詩や和歌・俳句などを書いてかざったものといい、サラサラと音がして詩情豊かなものがあったといわれている。

小学校教師であり、また、郷土研究に打ち込んだ生駒勘七は、多くの著作を遺し、一九八七年に六十八歳で亡くなった。偶然のことだが、生駒が生前暮らした家は「木地の館」と軒を接した隣にある。

七夕は、「ヘギ板」を多くの人に知ってもらう絶好の機会だとわたしは思った。今回の企画は二ヶ月前から準備を始めたが、わたしは掛け声をかけるだけで、町の人びとに多くを負った。八沢の加藤組が笹を調達し、町の人が句を詠み、紙の飾りは手先の器用な女性が届けてくれた。俳句を短冊にしたためた年配の女性は、お嫁さんと一緒にゆっくりと杖をつきながら、「ヘギ板」を笹に飾りつけていった。七夕、星祭、笹、ヘギ板、俳句、そして、幾世代もの木曾の人びと……。その様子を垣間見ているだけで、わたしは幸せで華やいだ気持ちになった。

この夏、笹の細い枝につるされた三十枚ほどの願いの書かれた「ヘギ板」は、夏の強い光を浴び、爽やかな風に吹かれて、きらきら光りながら、くるくる舞った。道行く人びとが足を止め、「きれいだなぁ」、「ヘギは初めて見るよ」といいながら、短冊に見入る。木曾に生きる人生の先輩の「ヘギ板に昔をしのぶ星祭」の短冊は、「旅の人」のわたしにも、これからもなにか木曾の人びとに喜んでもらえることができるかもしれないと予感させてくれた。

翌朝、笹を片づけながら、さて来年はどうしようかと思案する。笹に飾られた「星屑や恋する秋になりにけり」の句をそっと口の中で転がし、八沢川の川辺を歩きながら考える。これからは、上ノ段だけではなく、遠く「旅」に暮らす人にも、また、春夏秋冬の折々に、木曾の貴い木々が人びとの日常の生活に生かされる様を伝えていこうと心に期す。

二〇〇八年七夕の宵、生駒勘七も星空の向こうで、微笑んでいてくれただろうか。

*

わたしには肩書きがない。「弟子」ということを師は嫌う。

村地忠太郎には娘がひとりと三人の女の孫がいるが、まわりはわたしを含め女ばかりで男は娘のつれあいと三歳になったばかりの曾孫がいるだけだ。ちなみに、師は家族をとても大切にしており、遠くに住む幼い曾孫が遊びに来る折には、線路端に電車を見せに行くのだと嬉しそうに話し、竹とんぼを作ってやるのだと張り切る。これほどの名人に竹とんぼを作ってもらえる曾孫が羨ましい。

誰も後継者のなかった師匠は、それでもいままで頼まれても弟子は取らなかった。

村地忠太郎の許に来て一年以上が経ったある日、訪れた客にふと師は、「この人は『押しかけ弟子』で……」とわたしを紹介した。笑いながら「ものにならんかも知らんが」と付け加えることも忘れない。重すぎる期待をかけていないことを、さりげなく表明してくれる師匠が好きだ。「押しかけ弟子」とはいい得て妙。わたしはようやく師匠の懐に入れてもらうことができた気がした。

忘れもしない、二〇〇八年九月五日。師匠が上の階に作業に出かける短い間に、仕事場に残るわたしに「やってみるか」と挽き曲げ練習用に小さな材を手渡した。わたしが密かに「王様の椅子」と呼ぶ師匠の座椅子に胡坐をかいて座り、「盤ノ板」の上にさらに挽き曲げ用の小さな作業台を乗せて、いままで触ったこともない師匠の鋸を二本つかわせてもらい、緊張しきって挽き曲げの鋸を挽いた。職人は、平生決して自分の道具や材を、誰にもつかわせないものなのだ。短時間といえども、師匠がわたしに、自分の「盤ノ板」で、その道具をつかわせてくれたことが嬉しかった。家へ帰る道々、わたしは初めて官材市売で丸太買いをしたときのように、飛び跳ねて歩いた。

村地忠太郎の許に来て、一年半が経っていた。

木曾福島に暮らして、ハ～ルカ時が経ち、ようやく腰を据えて木地屋のしごとを学ぼうとする姿を見て、師はわたしの将来を案じてくれることが多くなった。「ハ〜ルカ」は、長野県のことばで「久しい」の意である。師はいつになく悲壮な顔をしていう。「木地を学ぶ前に、漆を勉強するように」と。木地は塗って初めて製品となる木地屋は、「塗師屋頼みのしごと」である。このまま木地だけを学んでも、将来どうにもならないと師は案じてくれているのだ。「自分でなんとかせんと、誰も面倒をみてくれるわけではないぞ」と語気を強める。

これから、たとえわたしが貴重な「割れる木」を入手することができ、十年後に伝統の技術を身につけたところで、木地屋として生活をしていかれる目途は立たない。高価な材料、安い手間賃、それよりなにより、塗師屋の注文がなければ、木地屋としての生活は成り立たないのだ。「(昔のように) 木地屋一人に塗師屋数人が組になっていなくては、木地屋はやっていかれんでなぁ」という師の嘆きに、現状では「木地屋に明日がない」ことをわたしは痛感する。

村地忠太郎がいままで後継者を取らずに、じっと木曾川の仕事場でひとりしごとをつづけてきた訳もここにある。師も長い歴史のある木地屋のしごとが絶えてしまうことが、残念でなかろうはずがない。しかし、責任感の強い師は、後を継いだ人間のどうにも生活の成り立たない将来をも見通せば、あるいはしごとが絶えてしまうことも、時代の流れと諦めてもいるのだろう。そもそも卓越した技をもつ師匠でさえも、「道楽とでも思わにゃあ、しゃあない」という木地屋のしごとなのだ。

このところ、九十一歳の師匠は繰り返し、「ワシはまだしばらく木地をつくるでぇ、その間にアンタは漆を勉強して、それが少しできるようになったら、木地に戻ってくるようにせんと、これからどうにもならんぞぉ」という。村地忠太郎がその命をかけるようにしていってくれるそのことばを、わたしは重く受け止める。

「そうはいっても、木地屋と塗師屋のしごとは、まったく別だでなぁ」とも師はわたしを案じてくれるのだ。木屑など埃だらけの木地屋の仕事場と、少しの埃も嫌う塗師屋の仕事場では、場所も服装も別にしなくてはできない。なんでもかんでも家の一部屋でこなす、「そんなことは無理なことだでな」と師はいう。難題山積みのわたしが、越えなくてはならない山にぐるり囲まれているのは、木曾谷とおなじだ。


古の時代から今日まで、日本の各地でそうであったように、木曾の樹齢の高い天然木が枯渇し、木地屋の手に入らなくなる日が近い将来、必ずやってくる。それに加えて、社会のありようも大きく変わった。木地屋村地忠太郎のたゆまぬ精進の甲斐あって、滅びゆく時の流れのなかにある「ヘギ」に、二十一世紀のいま行き合えたことに心から感謝しながらも、わたしは「木地屋の明日」を模索していく責を負う。

将来、師の案じる事態に陥る危うさも抱えながら、それでも村地忠太郎の想いをなんとか現実のものにして、「ほら」と両手の中に師の望む「明日」をひろげてみたい。そのために綱渡りのような日々のなか、わたしは先の見通せない不安を追い払うように、あちらこちらに頭をぶつけながらも、「明日」に向かってひた走る。

木精《こだま》、山を越える

二〇〇七年十一月。

東京・中野「ギャラリー懐」で、木曾に縁ある若い作家八人のグループ展「木曾の風をはらみ——木と漆——」が開催された。この展覧会に村地忠太郎は特別出品した。それまでの七十六年の職人人生で、展覧会に出品するのは、初めてのことだった。娘の由美子は、父親のつくったものが「初めて日の目を見る」と喜んだ。

村地忠太郎のつくった木地は、平生塗師屋によって漆が塗られて、初めて店頭に飾られる。人によっては、白木の弁当箱は飯の余分な湿気を取ってくれるので美味しくなるという。しかし、木曾では弁当箱などの実用品は、白木を楽しむ場合を除いて、木地のままでは防水性がないので、日常の道具としてはつかいづらいとされ、漆を塗られて店頭に並ぶ。だから、師匠のつくる木地が、そのままでいくら美しくても、塗師屋以外の人の目に触れる機会はいままではほとんどなかったといってよい。

師の許に来てしばらくすると、わたしは村地忠太郎の個展を開催できないものか、と考えるようになった。川端の仕事場で、師がしごとをするそのすぐ傍らに立ち会い、その腕で割り、へいだ、「ヘギ板」の美しさを目の当たりにして、息を呑む。「ほら、見てみろ。きれいだ……」という師匠とともに、しばらくはことばもなく、「ヘギ板」に真っ直ぐ刻まれた年輪の詰んだ目を見つめるとき、この至福を木地屋のほかに誰が知ろうと思うのだ。さらに、幾つかの作業工程を経て、ヘギは師の思いのままに曲げられ、放つ、その仄《ほの》かな光の輪！　あまりに美しいものを間近に見ては、できることならそっと我が胸に秘めておきたくなる思いを禁じえないほどである。そして、これほどの幸せを胸に抱え込み過ぎたある日、わたしは「ヘギ目」の美しさを木地屋の独り占めにするのではなく、木を愛する多くの人びとに伝えたいと願うようになった。

木地屋と塗師屋がひとつになってつくり上げた「木曾春慶」が、木曾福島から絶えて久しい。かつて塗師屋に真剣勝負を挑んできた木地屋村地忠太郎のしごとが、いまやその「下請け」として扱われる現実が、わたしはどうにも悔しくてならない。

木の美しさを多くの人に伝えたいと願うとおなじとき、村地忠太郎の八十年近い職人人生が、きちんと評価をされてよい時期を迎えている、とわたしは考えるのだ。

木曾谷の小さな町にあっては、人は目立つことを嫌う。奥ゆかしくあることは、慎ましくも品のあることなのである。村地忠太郎は木曾に生まれてこのかた、木曾川の川端の風景にすっぽり溶け込むようにして生きてきた。

九十一歳を過ぎて、師はそれまでとはちがった展開に身を任せようとしている。それは波風が立たぬよう、なにごとをも堪えて生きてきた人にとって、それなりの覚悟を要することでもあり、罪つくりなことをしてしまった思いがわたしにはある。重い覚悟をあえて引き受けてもなお、木地屋として生きたその技のすべてを、多くの人に見てもらおうとする村地忠太郎の心意気を、わたしはなにをおいても支えたい。

「ギャラリー懐」のオーナー本澤淑子は、「村地忠太郎の個展をしないか」といってくれた。しかし、奥ゆかしい師は「若い人の仲間に入れてもらうわ」と、個展は実現せず、わたしの仲間のグループ展に加わる形で、九十歳にして初めて製品を発表することとなった。

東京の会場には、多くの人が足を運んでくれた。若い作家の作品や、村地忠太郎の「ヘギ」がたくさんの人の目に触れた。その製品を手に取って「ヘギ」の感触を確かめる人は、「『ヘギ目』を見るのは初めて」という人ばかりだった。その美しさをことばを尽くして褒めてくれた人もあり、「ヘギ目」の器を都会で紹介できた村地忠太郎初の展覧会出品は大成功だった。

いままで、木地屋が塗師屋のためにつくってきた木地は「半製品」であったとしたら、東京の展覧会で展示した村地忠太郎の白木の木地は、完成された「製品」として多くの人びとの目に触れたのだ。

村地忠太郎は、これからも職人としてありつづけることにはかわりはない。そして、今回の展覧会は、木地屋がひとりの作り手として、製品とそこに込めた職人の心意気を、じかに使い手に手渡すことのできる確信をもたせてくれた。

師は「たくさんの人に見てもらえてよかった」といった。また、展覧会は、その後「引っ込んでおったらダメだなぁ。展覧会をしたから……」と村地忠太郎が繰り返す、稀な端緒をつかむことともなった。それは、地元でもなかなか知られていない「ヘギ」や木地屋のしごとが活字となり、木曾谷だけでなく、山々を越えて多くの人に、知ってもらえることである。師は「いまだかつてないよぉ。開《かい》闢《びゃく》（天と地の始まり）以来のことだ！　誰も振り向いてもくれなんだしごとだもの。木地屋のしごとや木曾のことばが取り上げてもらえるなんて、有難いことだよぉ」と話す。そして、このときも「なるべく多くの木曾の人にともに『舟』に乗ってもらおう」といい、周りへの気遣いを忘れないのだった。

＊

村地忠太郎は「生涯一職人」として木曾の風土とともに生きてきた。表に出ることを好まず、また、自らを語ることもしない。自分のしごとに責任をもつことだけに、心を砕いて生きてきた。

師匠が長年暮らしたこの町の人びとも知らないことがある。

川端の仕事場の座敷に、幾種類かの三方や湯桶などがある。それはなにかと問うと、「宮内庁のしごとでな」と話してくれる。

湯桶

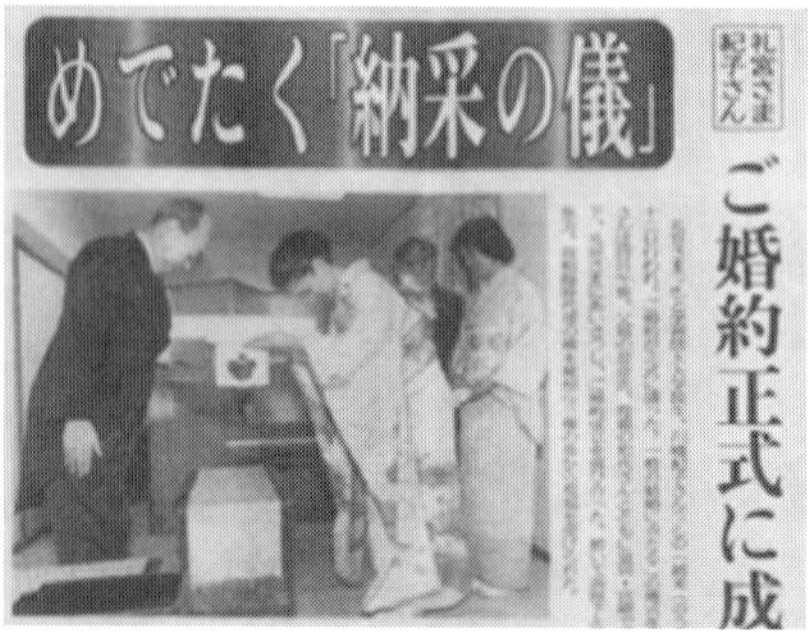

報道により村地忠太郎は初めて自分のつくった三方が儀式でつかわれたことを知り、喜んだ
（中日新聞 1990.1.13）

そこで初めて、村地忠太郎がいままで四回宮内庁のしごとをしたことを知る。昭和天皇の大喪の礼、今上天皇の即位の礼、紀子さんと雅子さんの納采の儀でつかわれた品々……。

宮内庁から依頼されるしごとは、師は頼まれたとおりの形を心を込めてつくるが、それがなににつかわれるのかを知らされたことはない。

納采の儀でつかわれた品は、テレビや新聞で報道された儀式の映像や写真を見て、師は初めて自分のつくった三方がつかわれたことを知り、「とても嬉しかった」という。その二枚の新聞記事は、十五年以上の年月が経ったいまでも、座敷の簞笥の引き出しに大切にしまわれている。

一九八五年、村地忠太郎は「長野県卓越技能者」に認定された。奈良井の小島俊男の尽力によるものだった。

木曾福島は、かつて隆盛を極めた「木曾漆器」の発祥の地でありながら、もはや「漆器」の中心は、二〇〇五年に塩尻市に合併した平沢にすっかり移ってしまい、半世紀が経つ。八沢に事務所をおいたかつての木曾福島の漆器組合は、とうにない。卓越した技術をもちながら、同業組合などの推薦母体がないために、村地忠太郎ほどの腕をもつ職人が、社会的にはまったく評価をされることなく今日に至ることを、木曾福島からは遠く鳥居峠を隔てた、平沢の漆器組合員でもあった小島は惜しんでいた。小島は地域や組合の枠を超え、先輩の木地屋村地忠太郎の技を世に埋もれさせまいと考え、動いてくれたのだ。また、地元の木曾ヒノキとサワラをへいで木地をつくる木地屋村地忠太郎が、生まれ育った木曾谷の町で、いまも現役でしごとをつづけていることが、木曾のみならず信州に生きる人びとにとって、どんなに貴重なことかとも考えたにちがいない。

小島俊男が村地忠太郎に遺した想いを、わたしはじっと受け継いでいきたい。

わたしが村地忠太郎とめぐり会うきっかけをつくってくれた小島は、出会ってから一年後に亡くなった。その年の五月、その日阿賀野川のほとりにいたわたしに、「いま、曲げの実演をしているから見に来てくれ」と突然、電話をくれた。今日は無理だと答えると、「そうか。それなら六月の漆器祭に来てくれ」といった。祭りの初日に出かけると、小島は喜び、わたしをともに軽トラックに乗せて奈良井川の川辺まで連れていき、蕗をいっぱい採って、帰りしなわたしに持たせてくれた。そして、別れ際に「明後日も実演をするから、来てくれるか」といった。二日後、わたしはまた出かけていったが、小島は疲れてだるそうに軒下に座り込んでいて、ほとんど話ができなかった。

祭りの翌月、突然、小島死亡の報に接し、わたしは大きな衝撃を受けた。小島は最後の別れを告げ

奈良井の「小坂屋」の前に立つ小島俊男、妻治美、長男貴幸
（撮影：本橋成一）

るために、わたしを三日間の祭に二日も呼んでくれたのだと思った。その死を、わたしは高齢の師に報告するのをためらった。しかし、話さないわけにはいかなかった。師は驚き、残念がった。村地忠太郎とわたしにとって、小島俊男はかけがえのない人であった。

小島俊男は死後叙勲を受けた。生きていたら、どんなにか喜んだことだろう。

村地忠太郎自身は社会的評価などどこ吹く風で、日々、木地を誠実に黙々とつくることに専心する。ただ、五十年前に木曾福島から漆器づくりが絶えてしまう前に、「なんとかならんかったものか」といつも嘆息混じりに繰り返す。

わたしは、ときに友人のクルマで国道十九号線を木曾福島から塩尻に向けて走る。三十分も行くと、左手に勢いよく流れる奈良井川の向こうに、線路と奈良井の町並みが見える。そこにはいまも笑顔の小島俊男がいる。

外の世界へ

いままで、平沢の塗師屋はクルマで中畑の仕事場まで注文にやって来て、できあがった製品を取りに来ていたので、村地忠太郎は木曾川の川端から外に出かける機会がほとんどなかった。いわば木曾川のほとりで定点観測の趣だった。

村地忠太郎がなかなか好奇心の旺盛な人なのは、わたしはその許に来てすぐにわかった。それだけはわたしも負けない。師とわたしの興味や関心には共通するものが多くあり、遠方であるため師が訪ねるのを諦めているところには、わたしがまずは行ってみたくて、すぐにも駈け出していった。わたしは師の目となり耳となったつもりで見聞きしたことを、木曾に帰っては師に伝えた。

＊

二〇〇八年。

九十一歳を迎えた村地忠太郎は、外の世界を歩き始めた。町の人に「アンタはいつも飛んで歩っておるから」といわれるわたしは、折りがあれば各地に「木のしごと」を訪ねては、師匠に土産話を持ち帰った。そして、この年、師とわたしは多くの出会いを経験した。

ふたりで「旅」に木地屋を訪ねる願いは、多くの人びとの好意で叶えられた。

村地忠太郎とわたしは、この年、二度、高山を訪ね、そのたびに木地屋に会うことができた。指物と曲物の木地屋。高山のふたりの木地屋と、木曾の村地忠太郎の出会いは、異なる地でそれぞれが育んだ職人の心と心が、爽やかにコツンとぶつかる音がした。

師には土場までともに丸太を見に行ってもらった。上松技専をふたりで訪ね、先生方とは「ものをつくる者同志だで、心が通じた」と師は喜んだ。展覧会を見にも出かけ、新しい出会いがあった。一緒によく本も眺めた。師とわたしは、ほんとうによく「旅」を歩いた一年であった。

これからも、わたしは師匠を外の世界へ誘いたい。

交通の便が悪い木曾で、クルマをもたないわたしは、自分が不便を託《かこ》つのはともかく、師をどこにも連れて行かれないことが残念でならない。その興味や関心のあるところには、わたしはどこにでもお供をして、新しい着想を練る機会にして欲しい。事実、師匠は新しいものに出会えば、必ずやいままでにはないものをつくり始めるのだから。

きっと、これからも、わたしは電車やバスやことばの舟に乗り、「旅」に出かけて行く。それは、どこかに転がる「木地屋の明日」に出会う旅であるかもしれない。

＊

木曾の森に何百年も生きた木々の、美しい「ヘギ目」の木地に込めた木地屋の技や想いを、わたしは、いつの日か「旅」の風に乗せ、木曾谷や、また山々を越えたところに暮らす人びとにも届けたい。

わたしが二〇〇八年十一月末に、スウェーデンの木工家に送ったメールは、次のようなものであった。

親愛なるスウェーデンの友へ
　わたしは、二年前の四月、スウェーデンから上松を訪れられた皆さまと、地元の木工家、技専の先生方や学生たちとの交流会の席で、初めてお会いしました。あなたの強い意思を感じさせる目とお話しぶりが、わたしの心に印象深く残りました。
　翌日、皆様は上松技専で講演会を開催されることになっていました。その折に、技専の学生は、新学期が始まったばかりで、授業があるため講演会には参加できないことがわかりました。あなたはとても残念がられ、わたしに「革命を起こしなさい。そして、ほかの学生たちと講演会に来るように」と発破をかけられました。

講演会当日、「革命を起こす」ことはできませんでしたが、授業が終わるとすぐにわたしは階段を駆け上がり、講演会会場である二階の視聴覚室に走り込みました。講演会終了後、あなたはわたしの姿をすぐに見つけたといってくださいました。これが来日したばかりのあなたと、技専に入学したてのわたしの出会いでした。冗談とも本気ともつかないそんな出来事を、わたしはときおり面白く思い出しています。

数日後、わたしは多治見で開催されていたスウェーデンから来られたあなたやお仲間の展覧会にでかけました。あなたのつくられたイコンに、わたしは大きく心を動かされました。そこにはあなたのお国に渡って来た移民の姿がありました。木工家としてのあなたの「立ち位置」を知る思いがしました。そのことが、このたび、あなたに手紙を送らせていただくきっかけとなりました。

さらにメールには、わたしのいまの木曾福島での暮らし、村地忠太郎の許で学んでいること、「木を割る」、「木をへぐ」しごとやその技がいま絶えようとしていることなどを書いた。

昔、世界各国に「木を割る」文化がありました。村地忠太郎がその文化をいまに留め、今日もつくりつづける美しい木の作品、ことに「灯り」を、北欧のあなたのお国でより多くの方々に見ていただきたいのです。その方々がなにをお感じになるのか、村地もわたしもぜひ知りたいところです。

残念なことに、このようなわたしの遠大な計画を実現する術をわたしはなんらもちません。ただ、スウェーデンに、あの日あのときお会いしたあなたがいてくださるだけなのです。あのイコンの作品を生んだあなたならば、きっとわたしの想いを理解してくださるにちがいないと思っています。どうぞ、お力をお貸しください。

スウェーデンの木工家に伝えた願いが叶うかどうか、その返事はこれからだ。それがどのようなものになろうと、動き始めたことが「初めの一歩」である。いつでも「結末」は「終わり」ではなく「始まり」であり、また、これからの行く手を示す「道しるべ」となることは、「木曾漆器」を探し歩いて、身に沁みて知ったことである。

*

木曾に住み始めて二年半が過ぎるころ、わたしはなかなか寝つけぬ夜が多くなった。朝爽やかに目覚めたいのに、前日の疲れが抜けず、朝から疲れていた。寝る前に考え込んでいたことが、朝起き抜けの頭のなかで渦巻いた。十月、「森の名手・名人」の受賞式に師匠にお供した日の午後、わたしはとうとう高熱を出して動けなくなった。しばし養生し、師の許に戻った。

無理をとおせば、どこかに軋みを生じる。

近い将来この世から、かろうじて木曾に残る良材が枯渇し、古の「木の文化」がいつの日か消え去る時の流れにあえて身を置く。流星の軌跡を示す光の帯のような鈍色《にびいろ》の輝きを、木曾で漸う行き合えた木地屋に見るからだ。

いままで時間をかけて蒔いた種が、ようやくあちこち小さな芽を出し始めている。

「旅」の風は、木曾谷の木地屋と古の技を乗せ、時空を越えて飛んでいく。

村地忠太郎が「外の世界」に出会うとき、「外の世界」は木曾谷を知る。木曾に鈍色の輝きを見る。

南木曾《なぎそ》、轆轤《ろくろ》の木地屋

二〇〇八年八月。

松本で開催されていた、十六人の木工家たちによる「木の匠たち」展に師匠を誘った。行きは知人がクルマを出してくれ、帰りはふたりで電車で帰った。

会場で、出品者の若い竹工芸家や漆塗りの作家たちと師は、作品を手に取りながら話し合った。初対面の「ものをつくる者同士」が、しっかり心触れ合っている様子だった。会う人ごとに、師はそれは熱心に職人ならではの質問を繰り出した。ひとつひとつの作品を前に、「これは……かね」と幾度も繰り返して、その作品の作り手に、素材や工作法について聞いていた。師が大いに刺激を受けているのは、横にいるわたしにも伝わってきた。そこには作家と観覧者の枠を超えた熱心さがあり、それはまた新たな出会いを予感させた。

帰りの電車で、「良い出会いがあって、良かった」と師匠はいい、作家や作品との新たな出会いに、新鮮な喜びを感じているのがわかった。また、自分から出かけていけば、新しい出会いがあると喜んでくれたことが、わたしはなにより嬉しかった。そして、師は別れ際に若い作家たちに頭を下げ、

「勉強になりました」と礼をいうのだった。

その数日後、会場で知り合った若い作家が、中畑の仕事場を訪ねてくれ、今度は師が自分のつくったヘギの製品を見せて話が弾んだ。
＊

松本の展覧会で知り合った、轆轤の木地屋小椋正幸は、中畑の仕事場を訪ねてくれた作家のひとりである。おなじ木地屋とはいっても、師のしごとは木を割り、へいで木地をつくるのがしごとである。小椋は、代々、南木曾の蘭にあって、轆轤を挽いて木地をつくる。おなじ木曾に暮らしながら、村地忠太郎と小椋正幸は初対面であった。

師は、初めて小椋に会ったときから、「ヘギ」と「轆轤」のちがいはあるが、おなじ木地屋として強い親近感を感じていた。そして、小椋が輪島で漆の勉強をして来たと聞き、師はその「木を知る木地屋の塗り」に関心をもった。

いままで、木地屋と塗師屋は分業であったから、師はまったく漆はやらないのだが、「春慶塗」の木地屋としての自負はつよい。そして、「木を活かす塗り」を、木地屋としていつも求めている。いまや、塗りはなにも「春慶塗」にはこだわらないと師匠はいう。ただ、木目が見えない塗りでは、木曾の木々のすばらしさが活かされないと考えているのだ。

師はしきりに、再び小椋に会いたいというのだった。師匠の思いが伝わると、小椋はすぐに「会いに行く」と連絡をくれた。

＊

二〇〇八年十二月。

小椋正幸の到着を待っていると、「こんにちは」と玄関の戸を開ける音がした。急いで迎えに出ると、思いがけず、正幸は父の榮一を伴って立っていた。

七十歳になる小椋榮一は、高名な轆轤作家であり、展覧会でその作品をわたしは幾つも見ていた。径の大きなものもあり、また、その木を知り尽くした人の作品には、すばらしい木目がどれもきれいに活きていた。

小椋榮一と村地忠太郎は、長い年月、ともに木曾に生き、深く木を愛し、木のしごとに携わりながら、互いを知らず、この日、ふたりは初めて出会った。

榮一は、座敷で炬燵に座ると、まず、両の手のひらを上に向けて、師の前にひろげた。「ほら、見てくれ」というように。なんだろうと見つめる師匠に、榮一は「しごとをして来た手だ」とだけいった。長い年月、木地屋として生きてきた小椋榮一と村地忠太郎が出会った瞬間であった。わたしは、名木といわれる古木が二本、そこに静かに立っているような気がした。

一週間後、師匠は小椋父子を南木曾の自宅に訪ねた。正幸は自分の店を隅々まで丁寧に案内し、自らそばを打ち、母のしが子とともにもてなしてくれた。つかわれていた挽いた器がすばらしかった。そして、正幸はこれからの木曾の工芸について、熱っぽく語った。わたしが「村地忠太郎のしごとを、木曾の山々を越えさせたい」というと、正幸は「まずは地元で」話してくれた。もっともだと思った。小椋正幸の木曾へのこだわりを、わたしは貴い思いで聞いた。

榮一は、正幸とふたりで、店の二階に展示してある自身の作品をとくと見せてくれた。木目が見事に活かされた轆轤の作品群であった。径の大きい作品を、師は「どうやって……」と感心しては、眺めた。そしてなにより、その木目を活かした塗りに「これは、いい」というのだった。

榮一は「伊勢湾台風で壊れるまで、水車で轆轤を回していた」と話した。水車で回る轆轤！　わたしは、技専で電動の轆轤を学んだ。すこし前までは、水車を動力としていた時代もあったのだ。実際に見たことはないけれど、水車の回る姿を思い描けば、わたしの心も回るのだった。

時代の波を潜り抜け、しごとをつづけてきた小椋榮一の顔や物腰には、長い年月、轆轤の木地屋として過ごした人生のすべてが表われている気がした。小椋榮一がなにもいわずそばにいるだけで、わたしはその人柄に圧倒される。

榮一の作品が展示されている横に、「樹と共に」と題された文が、小さな白い和紙に印刷されていた。その人の作品を前にこの文を目にして、わたしは頭を垂れた。長年、木と轆轤とともに生きたこの人でなくては書けないことばであった。

樹と共に五十五年、父について山に行き大木の前に立っていよいよ斧をいれるまえ、元から最先端の梢を見上げ葉と葉の間に見える青空、伐倒した直後、根本に笹を立て手を合わせたものだ。それ以来木を削る毎に粗末な使い方は出来ない。「先ず木に申し訳ないような物を造るな」の信条で今日まで来ました。

木取りから拭き漆までおなじ木目を直視しながら、あかぎれの指先で何回も撫ぜる事を繰返し、仕上がって触れる時木ならではの温もりを感じ、木が私を抱擁してくれます。

小椋の家を辞する、二十歳年上の村地忠太郎の手を、小椋榮一が両手で握って、「鑑です！」といった姿を、わたしは忘れない。

南木曾駅まで正幸の送ってくれたクルマを降り、駅のプラットホームに立ったとき、わたしは師に話しかけた。『引っ込んでおったらダメだな』ですね。一歩前に出たから、小椋榮一さんや正幸さんと出会えたんですよね！　前に出ると、百も二百も嫌なことがあるけれど、たまにひとつだけとびきりに良いことに出会えますよね。でも、前に出なければ、そのたったひとつの良いことにも出会えない……。ほんとうによかったですねぇ」。「うん、うん」と何度も笑顔で頷いてくれる師匠が、わたしは無性に嬉しかった。

＊

木地屋。

ヒノキの経木でつくられた小椋榮一の名刺に書かれたその肩書きには、「木地屋」とあった。村地忠太郎も「自分は『木地屋』だ」という。

このところ、いくら村地忠太郎のしごとを「木地屋」といっても、紙上で「木地師」と書かれる。「『木地師』なんていい方は、だれも昔はしなかった。『木地屋』、『塗師屋』といったんだよ」

左から小椋正幸、村地忠太郎、小椋榮一

と師匠はいう。轆轤の木地屋もおなじだそうだ。「おばあちゃんの時代から、『木地屋』といっているのだし、『木地師』より『木地屋』の方が親しみがあるじゃないですか」と正幸はいう。

村地忠太郎の生家は、そもそも「指物」、「挽曲物」の木地屋であった。平沢のしごとをするようになり、曲物が多くなった。村地忠太郎は、いま、「指物」、「挽曲物」、「曲物」の木地をつくる「木地屋」である。ちなみに、曲物をする職人を、古くは「桧物師《ひものし》」といった。

轆轤の「木地屋」は、正倉院文書には「轆轤工」とある。中世には「木地師」とよばれ、現代では

「木地屋」とよばれるのが普通である（『木地屋のふるさと』橘文策、未來社、一九六三年）。なお、『日葡辞書』には、「轆轤師」として轆轤の木地屋が記載されている。

木曾のいまを生きる、小椋榮一、小椋正幸、村地忠太郎は、誇り高く「木地屋」である。そして、古の職人たちが連綿とつづけてきたしごとの長い時の流れに静かに列なり、明日を生きる。

木曾の行灯《あんどん》、島原に灯る

二〇〇八年三月十三日。

わたしは九州に向けて旅立った。

村地忠太郎がつくった行灯を、長崎県島原に訪ねる旅であった。

＊

「八年ほど前のことだったか。ずいぶんたくさんの灯りをつくって、島原・普賢岳の麓のお寺様に納めたことがあってな。つくるのに三ヶ月かかったなぁ」と村地忠太郎は午前のしごとが一段落し、座敷で一服しているときに、そう話してくれることが幾度かあった。その行灯の話をするとき、師はまるで遠くに嫁にやった娘を懐かしがり、案じているような顔をした。

村地忠太郎が樹齢三百年ほどの木曾のサワラをへいでつくった、八十基を超える行灯が九州にある。それも、十八年前に大きな被害のあったあの島原・普賢岳の麓に。

木曾谷でつくられた木地は、ほとんど平沢の塗師屋の手で塗られ、店に卸され、山々を越え、どこか遠くでつかわれているのかもしれなかった。それにしても、師のつくった木地が遠く九州まで旅立っていったのを耳にしたのは、この行灯だけであった。

「九州には、これが最初で最後だな。注文があったとき、九州からだと聞いてびっくりした。ワシは半信半疑で、間に入った『木曾くらしの工芸館』(平沢)の担当者に念を押したくらいだ。珍しいことだよぉ。ああいうものを、よく向こうの人が採用してくれた」。

「島原から平沢に注文に来た人とはいきあわなんだが、よく木曾へ来てくれたものだ。平沢は『漆器の町』なのに、白木のサワラの行灯によく目をつけてもらった。木曾とは縁のないところなのに、思いがけないところに買ってもらって喜んどる。島原といえば、我々は小学校で『島原の乱』のことを習っただけで、ほかのことは知らない。行灯はどうしているか……」というのだった。

師は、長崎の人が行灯を欲しいといってくれたときに、信じられない思いで、試しにひとつつくって送ってみたところ、ＯＫが出たのだという。それでも、注文主はともかく、ほかの人は本当に行灯を喜んでくれたものかと、何年経っても気にかけていた。「工芸館の人は、『島原の人は皆、喜んでくれた』といったが、島原の人はサワラの行灯を見たことがないだろうから、どの程度関心をもってくれたか……。ほかの人は納得してくれたかどうか」。

「島原に行灯を見にいってごらんになりたいでしょう」とわたしがいうと、師は「そりゃ、島原に行ってお寺や個人でつかっているところを見たいよぉ！　行ってみたいが、とうていワシの行けるところじゃない」と少し淋しそうな顔をした。

わたしは、未だ見ぬ、海に近い島原の夕暮れに、点々と灯る温かな薄桃色の行灯が、目に浮かぶような気がした。師がずっと心に懸けている、遠くに嫁にやった八十を超える木曾の行灯の行方を探し、わたしはぜひ会いに行こうと思った。その光景を心に描いただけでも、あまりに美しく、わたしは島原に行灯を訪ねてみたくなったのだ。

わたしは、島原のどこかの寺にある、村地忠太郎のつくった行灯に会いに行くことを決めた。

*

村地忠太郎の行灯は、島原のどこにあるのか。

行灯と島原の寺の間に立った担当者は、すでに「木曾くらしの工芸館」を退職していた。

当初、師匠は「灯りは一九九〇〜一九九五年の普賢岳の噴火で被害に遭われたお寺様が復興されたお祝いの記念に配られたのではないか」といっていた。そこで、島原市役所に、これらの手掛かりをヒントに問い合わせた。役所の災害担当の職員は、噴火の被害に遭った寺などを調べてくれたが、「木曾の灯り」のある寺は見つからなかった。村地忠太郎のつくった灯りの行方を、あちこちに聞き回るうちに、平沢から情報がもたらされた。「灯りはお寺の普山式の引き出物につかわれたのかもしれない」こと、そして、その寺は南島原市の妙行寺であること。

さっそく寺の電話番号を調べ、高鳴る胸をおさえながら、遠く普賢岳の麓にある妙行寺に電話をかけた。すると、電話口に出た前住職夫人三隅百合子は明るく張りのある声で、そのとおりだ、と話してくれた。ああ、よかった！　村地忠太郎の許から嫁に行った行灯は、覚えていたとおり島原の寺にあるのだ。

ただ、師の推測とはちがい、妙行寺は普賢岳の災害には遭わなかった。普賢岳噴火当時、寺はたしかにその麓にあって災害はすぐ目の前に迫ったが、被害はまぬがれた。隣りに建つ附属幼稚園は、近隣の被災された多くの人びとの避難所となったという。

夫人は、村地忠太郎の灯りは、八年前の五月末に、住職が先代から新代へと引き継がれる継職法要の記念の品として八十一基注文した、と話してくれた。そして、行灯は九州にある、妙行寺と親しくつきあいのある寺に配られたのだという。妙行寺でも、数基飾ってつかっているとの話だった。わたしはぜひとも妙行寺を訪ねたいと夫人に伝えた。

「八十一基つくるのに、三ヶ月かかったよぉ」と村地忠太郎は感慨深げだ。

「大きな被害のあった普賢岳の麓に、樹齢三百年の木曾のサワラをへぎ、木曾川を渡る風と太陽をたっぷり浴びてつくられた灯りが、島原の方々の心をほんのり温めるように薄桃色の光を投げかけているところを、ぜひ見て来たい」とわたしはいった。「木曾から行った灯りは、島原でどんなふうにつかわれているのか見て来てくれるか。お世辞でなくていいから、灯りを向こうの人はどう思っておるのか聞いて来てくれ。写真をいっぱい撮ってきて欲しい」と師はいうのだった。

＊

木曾福島─名古屋─博多─諫早─深江。

鉄道を長い時間乗り継いでの旅だった。島原鉄道が妙行寺のある深江まで運行されるのも、あと二週間という時だった。夕方、電車が深江が近づくと、もうすぐ探していたものに会えると思えば、居ても立ってもいられないような、落ち着かない気持ちになった。

深江駅には三隅百合子が迎えに出てくれていた。電話口で聞いたとおりの明るさと凛とした威厳を感じさせる美しい女性であった。その人の運転するクルマで妙行寺に向かった。その日も、翌日も行事が立て込んでいた妙行寺であった。わたしは、寺の忙しいところに、飛び込んでしまった格好だったが、住職ご一家は、皆さん笑顔でそれは丁重に遠来の客を迎えてくれた。

案内された荘厳な寺と住職ご一家にお会いしてみれば、普賢岳の災害が起こったときに、地域の人びとはこの寺を心の拠りどころとし、また、住職一家も懸命に町の人びとの心に添った活動をされたものであろうと想像された。

村地忠太郎の行灯は、島原のこの寺でとても大切にされていた。

教養をたくわえ、雅楽の横笛も嗜むという、若い現住職三隅智成は、行灯のおいてある茶室に案内してくれた。木曾の行灯は、島原のこの寺の茶室に、まるでそこに置かれてあるべくしてあり、ぴたりと品のある空間に納まっていた。三日月と流れる雲の透かしのはいったこの行灯にとって、これ以上の舞台はないと思われた。行灯が島原の寺で、この八年間、日ごろから大切にされていることが一目でわかり、安堵するとともに、わたしは心の底から嬉しくてならなかった。遠く島原で木曾の行灯が大事にされていることは、木曾やサワラのヘギや師匠が大事にされていることだとわたしは思った。実に幸せなところに嫁に行った村地忠太郎の行灯である。

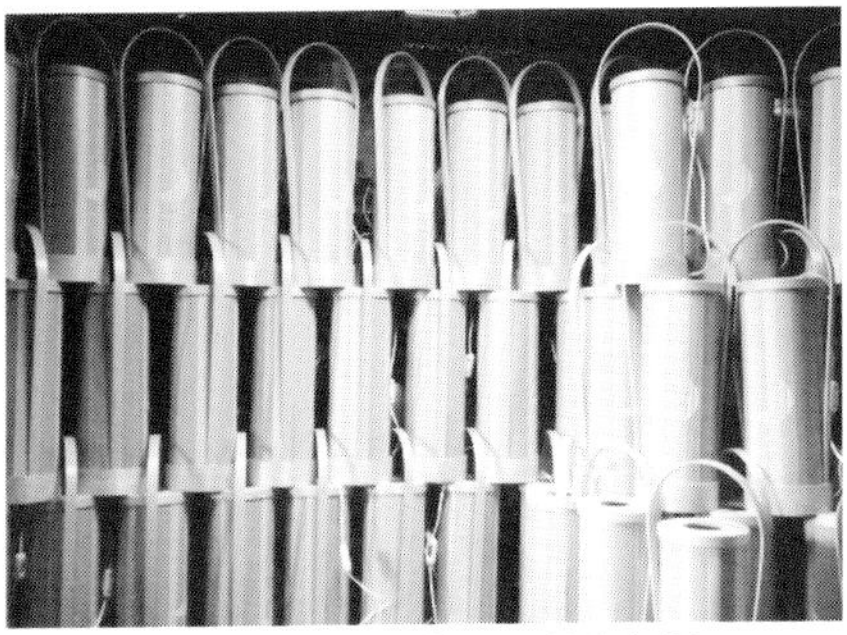
島原への出発を待つ行灯（撮影：村地宏美）

もう一基、座敷に置いてある行灯の前で、住職ご一家とともに記念写真に納まった。

その後、寺を辞し、三隅百合子に町なかを案内してもらい、夫人と町の人がことばを交わす様子を見て、この寺が地域の人びとから敬愛される理由が察せられた。住職一家の、いきとどいたもてなしが嬉しかった。「翌日もどうか」と夫人はいってくれたが、寺は立て込んでいる様子だったので、わたしは翌日、島原外港から船で三池港、さらに大牟田経由博多に向かった。

木曾の村地忠太郎と、嫁に行った行灯を大切にしてくれている島原の妙行寺の間に立てたことに、すっかり気持ちが昂ぶっていたわたしには、島原で、師に頼まれた「感想」を静かに訊く余裕がなかった。師匠のお遣いではなく、わたしが当事者になりきってしまったことを反省した。

いくらなんでも島原から戻ってすぐには感想を尋ねられず、半年以上の時間をおいて、恥を忍んで妙行寺に電話をかけた。

「木曾の行灯をご覧になってどうお感じですか？　お世辞ではなくて……」と村地忠太郎がわたしに託したままの問いを、半年遅れで聞いた。

前住職の三隅龍雄が電話口に出て、ゆったりした口調で話してくれた。

「自然のなか、野辺で寝転がって月を見ているようだ……。まわりの家は見えない。ただ、月が見える……。そんな気持ちになるものすごく温かい灯りだ。木の肌がとてもきれいで温かい……」と優しくゆっくり語りかけてくれた。心が洗われるような前住職の話に、わたしはようやく自分の務めを果たした安堵を感じた。

＊

翌日、わたしのとんでもなく遅い島原報告を、それでも師はとても嬉しそうに、木曾川の川端の仕事場で聞いてくれるのだった。

木曾の森の中で数百年の年輪を刻みながら生きたサワラが、木地屋の手を経て行灯となり、遠く九州・島原で人びとの心に灯りを灯し、ゆったり月夜の野辺に誘っている。

これは、清々しくも貴い、人の手を離れた物語だとわたしは思った。

島原・妙行寺の灯り（撮影：松本翔）

終章

木曾川のほとりに立ち、あたりを見渡せば、木曾駒ヶ岳や八沢川がいつもそこにあるように、川端に木地屋の仕事場がある。

村地忠太郎は、木曾の山々に囲まれた町の木地屋の家に生まれ、八十年もの長い年月、親代々のしごとに淡々と打ち込んできた。昔、木曾福島でつくられた「木曾春慶」の木地屋としての誇りをいまも胸に生きる。

「木の自然をそのまま活かす」。

そう話す村地忠太郎は、二〇〇九年春に九十二歳になる現役の木地屋である。

木曾の木地屋は心を澄ませ、森に数百年生きた木の声を聴き、そのありのままを割り、へぎ、曲げて、美しい「へギ目」の器をつくる。

遠い昔、我が国でひろく見られた木の自然を活かしたその技は、多くの良材が伐られ枯渇し、忘れ去られた。木曾の森にかろうじて残る良材を割り、へぐ職人は、今日も昔のしごとと道具を引き継ぐ。

村地忠太郎のしごとは、木曾谷にあって、木曾にとどまらない。現代に生きて、いまにとどまらない。

長い時の流れのなかに、現代の村地忠太郎のしごとをおいてみれば、我が国の古の人びとの声が聴こえ、姿が見える。

我が国の古の「木の文化」を見つめ直すとき、人は遠い昔に忘れ去った、自然と向き合う心を取り戻せるかもしれない。それは、もはや小手先だけの「エコライフ」では到達できない、人が回帰して行かねばならない先には、深く、豊かな想いが満ちていると教えてくれているような気がしてならない。

九十一歳の木地屋に学ぶ日々は、厳しい現実にさらされてはいるものの、その技だけではなく、自然の只中に生きる師の、自然の恵みを存分に活かすしごとぶりから多くを教えられる、まことに深く心豊かな時である。

村地忠太郎は、いままで、塗師屋の注文を受ける木地屋として、精魂込めて木地をつくりつづけてきた。これからは、木地屋だけが知る、木曾の誇る名木の美しさを、一世紀近い年月たくわえた技を存分に生かして人びとに伝え、喜んでもらえる独自の作品づくりに向かおうとしている。

木曽福島に生まれ、遠い記憶がどこまでも鮮明な村地忠太郎には、この人だけが語ることのできる話があり、「木曽漆器」の歴史がある。木曽の森の木々やヘギ、いまも慈しむ「木曽漆器」、昔の町の様子や人びとの話を、その美しい木曽のことばにのせて、これからも語り継いでもらいたい。

村地忠太郎が古から引き継ぐ木のしごとは、これからも木曽川のほとりで、静かに淡々と進められる。そして、その技や木への熱い想いは、いつの日か、風に乗り、峠を越え、険しい山々の向こうにひろがる「旅」を駈けめぐるだろう。

わたしは、今日も木曽川のほとりの仕事場で、何百年もの長い年月、険しい山に生きた木曽ヒノキやサワラに宿る木精のことばを、木地屋村地忠太郎の腕をとおして聴いていたい。

折にふれふと子供の頃の事を思ひ出す事があるが、八十年
前の小学生時代の事でも学校の事よりも家の中の出来事
がわりと記憶に残っているものだ、
親達がいつもやっていた曲物仕事の事でも台所の隅の大きな
「カマド」で熱い湯の中に「ヘギ目」板を入れ湯をかけながら父
が手元にある、「コロ」で丸や、小判のかたちに曲げる其のそ
ばで母が曲げた、「ガワ」の木削を、「ハサミ」ではさみ又は「クチ」
で止める。それを大きな「イザル」に入れて裏の物干場にはこび
「日なた」に干すのがおれの仕事だった、そして夕方になる
と又家の中に入れる、夕飯の後の残業いはゆる「ヨナベ」
で父や母が木削の「ノリ付ケ」をしたり「ガンベ」でとじる
いはゆる「トジモノ仕事」を眠い目をこすりながらいつまで
も見ていた事が今でも昨日の事の様に想ひだされる
もう七、八十年も前の事だ。
年末近くになると親達は毎晩十二時過ぎまで「ヨナベ」を
していたものだった、今では考へられない話だが昔しは職人
とはこう云う物だと子供心にも思って見ていたものだった。
それでも学校を卒業すると何んの疑問もなく其の後を
ついだのだから妙なものだが今になって想へば好きな道を
歩いて来て良かったとつくづく想っている今日この頃です。

角弁当

小判型二段弁当

小判弁当

あとがき

八沢川に架かる鉄橋を、間遠な列車が渡る。星空を横切る夜汽車を見つめていても、その行く先を知らない。旅に出て、駅に入る列車を次々と乗り継ぎ、車窓から過ぎゆく景色を楽しみながら、その道程は考えない。いきあたりばったりの、昨日今日明日。

木曾に暮らし、わたしが旅に出るとき、師匠村地忠太郎は地図を俯瞰しながら道程を示してくれる。「この山を巻くようにして、こちらに抜けて……」。度胸は良いが無謀なわたしは、ようやく木曾で、鳥の眼をもつ良き導き手と出会えたのだ。

サンフランシスコに渡った祖父母の許に誕生した父は、いま生きていれば師匠と同い年。十二歳で初めて「和を以って尊しとなす」母国の地を踏んだ豪放磊落《ごうほうらいらく》な人に、わたしはよく似る。「ダディは男だから良いけど、ナオコは女なんだから」と母はいったが、わたしは聞くわけがなかった。好きなアメリカ映画『風と共に去りぬ』のヒロイン、スカーレット・オハラの気性にそっくり、と父は手を焼きながらも可愛がってくれた。

師匠は難儀な人を懐に入れ、わたしは「和を尊ぶ」木曾谷の多くの人びとに支えられる。これは、また、「旅」から声を掛けつづけてくれた人、郷里から送り出してくれた人たち皆の「木曾の木地屋の物語」である。未來社の天野みかさんが伴走してくれた。長野県立長野図書館は、木曾で文献から孤立するわたしの「知の後ろ楯」だった。

『風と共に去りぬ』。絶望の淵から立ち上がるスカーレット・オハラの最後の台詞は、

“After all, tomorrow is another day”

明日は明日の風が吹く。

村地忠太郎九十二歳の誕生日に、心結んだ多くの人びとと静かに舟出する。

二〇〇九年 春　　　　木曾福島にて　松本直子

【著者略歴】
松本直子（まつもとなおこ）
1952年東京生まれ。
早稲田大学第一文学部社会学科卒業。
2007年長野県上松技術専門校木材工芸科卒業後、
木曾福島の木地屋村地忠太郎氏のもとで、
木地づくりを学んでいる。

崖っぷちの木地屋——村地忠太郎のしごと

二〇〇九年三月三十日　第一刷発行

定価——本体一七〇〇円＋税
著者——松本直子
発行者——西谷能英
発行所——株式会社　未來社
〒一一二—〇〇〇二東京都文京区小石川三—七—二
電話〇三—三八一四—五五二一（代）
振替〇〇一七〇—三—八七三八五
http://www.miraisha.co.jp/
Email: info@miraisha.co.jp
印刷・製本——萩原印刷
©Naoko Matsumoto 2009
ISBN978-4-624-72021-6 C0072
（本書掲載写真・イラストの無断使用を禁じます）

木地屋のふるさと
橘文策著

滋賀県東小椋村の木地師たちの里につたわる習俗・伝説をつぶさに調べ、日本各都市の木地屋の伝統のあり方を求めた著者の長年の民俗学的研究として、本書は極めて声望が高い。　二五〇〇円

こけしざんまい
橘文策著

こけし研究家の第一人者である著者が、昭和のはじめ、いまだこけし愛好者の数少ない時期に、こけしの魅力につかれ東北各地の工人を訪ね歩いた貴重な先駆的な紀行文集である。　四八〇〇円

こけしの旅
土橋慶三著

生涯をこけしの美を求めて旅したこけし界の第一人者の遺稿集。こけしの楽しさ、ロクロ変遷の歴史、各地方のこけしへの愛着、深沢要の遺産やこけし界の現状をのべる。写真多数。　二五〇〇円

こけし工人伝
土橋慶三著

こけしとその工人を愛し、東北地方の苛烈な風土、農民の苦悩と抵抗がこけしの美を生む素地となったと説きつづけた著者の遺稿集。その生涯をかけた真摯なこけし探求の集大成。　八五〇〇円

蔵王東のきぼこ
菅野新一編著

こけしの代表的産地として知られる蔵王東麓地帯の厳しい風土と木地業にたずさわる工人たちの生活を記録しその人間性を追求した名著の決定版である。カラー・白黒写真多数収録。　五八〇〇円

蔵王東麓の木地業とこけし
佐藤友晴著・菅野新一校訂

青根、遠刈田、新地などにおける明治年代からの木地屋の発生・変遷過程、特に商業資本の工人支配過程を克明に掘り下げ、さらに系譜・師弟関係等を調査した稀覯本を復刊する。　三八〇〇円

〔増補〕鳴子・こけし・工人
西田峯吉著

鳴子温泉はこけしの名産地。鳴子系こけしの特徴・時代的変遷のあとをたどり、そこに生きたこけし工人の哀歓をつぶさに描く。新たに四篇を追加し、表彰工人の氏名一覧も増補。　一八〇〇円

民具学の提唱
宮本常一著

民具を通じ民衆の生産・生活に関する技術の発達を解明し、文化の始源、普及、定着、複合の姿を追求。人間の生態学的研究にまで迫る新たな科学としての民具学の確立を提唱。　二八〇〇円

用と美
南日本新聞社

〔南日本の民芸〕鹿児島県は民芸品の宝庫である。本書は庶民の生活に密着しつつ発達してきた民具のなかにひそむ秀れた美を発見しつつ、用法を追求した薩摩民芸風土記である。　一二〇〇円

〔消費税別〕